당신을 생각하다

LOOK TO THE LAND

by Lord Northbourne

First published by Sophia Perennis, an imprint of Angelico Press, in 2003
©Christopher James Northbourne

농업이 인간의 한 부분이고
인간이 농업의 한 부분인
삶을 살아가기 위하여

로드 노스본 지음

홍서연 옮김

땅을 생각하다

월터 제임스 4대 노스본 남작Walter James, 4th Lord Northbourne은 1938년부터 1939년까지 이 책을 썼다. 초판은 1940년에 출판되었다. 전쟁의 먹구름이 이미 영국을 에워싸고 있을 때였다. 그는 그때까지 15년간 영국에서 최초의 **유기농** 농장을 개발했다. 농장과 밭은 모두 루돌프 슈타이너Rudolf Steiner가 창안한 생명역동의 원리에 따라 운영되었다.[2]

이 책의 재출간이, 현재 진행되고 있는 유기농업 및 지역사회 활성화 논의에 기여하기를 희망한다.

크리스토퍼 제임스 5대 노스본 남작Christopher James, 5th Lord Northbourne

---

1   이 발간사는 저자의 아들이 2003년 재출간본에 덧붙인 것이다.

2   루돌프 슈타이너의 생명역동농학bio-dynamic agriculture은 후에 유기농업의 형성으로 이어진 사상적 기반을 마련해준 세계관이자 영농법이다. 부록을 참조할 것.

머리말[1]

시인인 윌리엄 블레이크$^{William\ Blake}$는 "예지력을 갖지 못한 민족은 멸망한다"고 썼다. 특출한 예지력을 지닌 사람이었던 로드 노스본(1896~1982)은 현대 사회의 질병이 삶의 전체성과 유기적 연결이 단절된 데에서 기인한다고 분석했다. 노스본은 "유기농업"이라는 용어의 창안자로 알려져 있다. 일찍이 그가 유기농업을 옹호한 데에는 강한 확신이 결합되어 있었으니, 인류는 빵만으로 살 수 없으며 충만한 삶을 위해서는 신성한 법칙에 복종해야 한다는 확신이었다. 『작은 것이 아름답다$^{Small\ is\ Beautiful}$』로 알려진 영향력 있는 저자 에른스트 슈마허$^{Ernst\ Friedrich\ Schumacher}$는 그보다 약간 뒤에 유사한 노선의 작업을 전개했다. 삶에 대한 노스본의 관점은 슈마허와 마찬가지로 신과 인간과 흙의 상관관계를 완전히 하나의 통일성으로 받아들이며, 이러한 통일성은 세계의 모든 측면을

---

1   이 머리말은 2003년 재출간본의 편집자가 쓴 것이다.

잠식한 근시안적인 기계적 삶의 방식과 선명히 대조되는 삶의 방식을 상정한다. 우리의 미래, 그리고 모든 생명이 의존하고 있는 정교한 생태계의 미래를 지속하기 위해서는 이러한 삶의 방식이 필요하다는 것이 점점 더 분명해짐에 따라, 이 선구적 사상가의 저작을 살펴봐야 할 때가 왔다. 지속가능하고 진정 바람직한 사회에 필요한 예지력을 보여주는 그의 전망은 전통 형이상학, 종교, 농업, 예술, 농촌 공예, 화폐개혁을 포괄한다.

로드 노스본은 제1차세계대전에 참전한 후 옥스퍼드대학에서 농학 학위를 취득하고, 1920년대까지 거기서 교편을 잡았다. 1932년에 켄트주의 딜 근방에 있는 가족 저택의 경영을 맡아, 사유지와 농지에서 생명역동농법을 실천했다. 그림과 원예에 조예 깊은 교양인이었던 그는 제2차세계대전 때 켄트주 농업집행위원회장직과 와이^{Wye}농업대학장을 지낸 후 당시의 농업 문제에 완전히 몰입했다. 인류는 농사를 지음으로써 신과 자연을 매개한다는 관점을 가지고, 환경훼손이 가져오는 영향에 대하여 폭넓은 사회적, 경제적 측면에서 그 당시에 누구도 필적할 수 없는 독창적인 방식으로 저술하였다. (아마도 그 정신의 측면에서는 웬델 베리$^{Wendell\ Berry}$가

가장 가까울 것이다.) 그래서 소피아페레니스$^{Sophia\ Perennis}$는 또다른 로드 노스본의 두 저작인 『현대 세계의 종교$^{Religion\ in\ the\ Modern\ World}$』와 『진보를 되돌아보다$^{Looking\ Back\ on\ Progress}$』의 개정판을 내기로 했다. 이 논집의 네번째 책이 작업 중이다. 이 신작들은 신과 인간 사회에 관한 그의 폭넓은 사유를 보여주며, 그의 사유는 항상 흙에 뿌리를 둔 인간의 감수성을 드러내준다. 그는 토머스 머튼$^{Thomas\ Merton}$, 등산가이자 티베트 불교 사상가인 마르코 팰리스$^{Marco\ Pallis}$와 서신을 주고받았다. 『길과 산$^{The\ Way\ and\ the\ Mountain}$』의 저자인 마르코 팰리스는 노스본을 항존주의[2] 학파의 저자들에게 소개했다. 노스본은 유명한 비교종교학자인 휴스턴 스미스$^{Huston\ Smith}$가 20세기의 진정 중대한 책이라고 기술한 르네 게농$^{René\ Guénon}$의 『수량의 지배와 시대의 징조$^{The\ Reign\ of\ Quantity\ and\ the\ Sign\ of\ the\ Times}$』, 프리트요프 슈온$^{Frithjof\ Schuon}$의 『고대 세계를 밝히다$^{Light\ on\ Ancient\ Worlds}$』, 티투스 부르크하르트$^{Titus\ Burckhardt}$의 『동서의 신성 예술$^{Sacred\ Art\ in\ East\ and\ West}$』을 번역했다. 그는 또한 말년에 슈마허

---

2   항존주의^{perennialism}는 고전적인 실재론과 관념론에 기초를 두고 항구적으로 불변하는 진리를 통해 인간 지성의 계발을 목표로 하는, 20세기 미국의 교육사조이다.

가 영문으로 된 가장 중요한 저널이라 추천한 영국 학술지 《비교종교연구 *Studies in Comparative Religion*》에 종종 기고했다.

　로드 노스본은 비록 "대중화"되지는 않았지만 단순하고 우아한 언어로 심오한 진리를 표현하는 특별한 재능을 지니고 있었다. 선견지명을 지닌 그의 저작이 최초로 출판된 지 60여 년이 지난 오늘에 와서야 깊은 통찰력을 지닌 환경사상가들은 그 심오한 형이상학적 본원을 이해하기 시작했다. 편집자는 로드 노스본만이 지닌 온화함과 엄밀함의 결합이 새로운 세대의 독자들에게 자극제가 되기를, 그리하여 그들이 연민, 예술적 감수성, 지성을 가지고 오늘날의 당면한 문제에 참여하게 되기를 희망한다.

차례

제 1 장

일러두기

1. 이 책은 로드 노스본Lord Northbourne이 1940년에 처음 쓰고, 2003년에 소피아페레니스 출판 사Sophia Penrennis/Angelico Press에서 복간한 *Look to the Land*를 완역한 책이다.

2. 주요 인명과 서명, 용어와 개념어는 처음 한 번에 한해 원어를 병기하되, 문맥상 필요한 경우에는 반복하여 병기했다.

3. 책 제목은 겹낫표(『 』), 학술 저널과 신문 제목은 겹화살괄호(《 》), 논문 제목은 홑낫표(「 」)로 각각 구분했다.

4. 지은이 주석과 옮긴이 주석은 각주로 함께 두었다. 지은이 주석은 앞에 따로 [원주]로 표시하여 옮긴이 주석과 구별하였다.

5. 원문에서 강조된 문구는 본문에서 볼드로 처리하였다.

생물의 상호의존성

한 사람의 삶은 모든 세세한 부분에 이르기까지 수많은 타인의 삶과 어떤 식으로든 연결되어 의존하고 있다. 인간은 자신과 연관된 사람들을 알지 못하지만, 그들은 지구상의 거의 모든 곳에서 살아가고 있다. 이것은 그저 자명한 진술일 뿐이지만 인간, 인간 집단, 한 지역의 인간 집단의 상황을 고찰할 때 마치 그것이 다른 모든 것으로부터 고립되어 있는 것처럼 생각하는 것이 무의미하다는 점을 강조하기 위해 말해둘 필요가 있다. 나중에 우리는 이 진술을 확대하여 적용할 것이다.

인간의 삶은 타인들의 삶에 연결되어 있을 뿐 아니라 무수히 많은 비인간 생물의 삶에 결속되어 있다. 그들은 인간의 음식이 되고, 의복, 안식처, 도구의 재료, 쾌락을 제공한다. 인간 쪽에서도 의식적이건 무의식적이건 그들의 삶에 기여한다. 그러므로 세계의 모든 살아 있는 생물 간에는 진정한 의미에서 포괄적이고 무한히 복잡한 경제적, 생물학적 결합이 존재한다. 이 결합이 바로 이 생물들의 삶을 현실적으로 구성하는 것이다. 기계 시대의 진보에 수반되는 통신의 발전과 함께, 물리적으로 멀리 떨어져 있는 세계의 부분들은 그 어느 때보다도 더 체계적이고 빠르고 직접적인 연결을 누리게 되었다. 그것은 오늘날의 경제적 상황을 특징짓는 중요한 요소로서 명확히 인지되는 사실이다. 그러나 사물의 경제적 측면은 동식물로부터 오는 식량과 원자재의 생산에 광범위하게 관련되어 있으므로, 분명히 생물학적 상태의 기능이라 할 수 있다. 경제학은 지겨울 정도로 논의되었지만 세계의 생체적 상태에 대한 다각도의 관심은 상대적으로 부족하다. 경제적 상태를 좌우하는 것이 바로 그것인데도 말이다.

무엇보다도 이 사안들은 인간의 삶을 구성하는 관계들의 영적 측면이다. 인간은 영적인 존재라고들 말한다. 그가 언제나 영적인 것은 아니겠지만, 적어도 그의 실존은 영성과 관련되는 한에서만 가치를 갖는다. 인간은 세속적인 사물들에 예속되어 있지 않은 경우에만, 다시 말해 그의 존재의 세속적인 측면을 제어할 수 있을 때에만 영성을 획득한다. 그 때에만 그는 더 고차원적인 발전을 가능하게 해줄 수 있는 완전한 균형에 다다를 수 있다. 병에 걸렸다는 것은 제어하지 못한다는 것이고 그 균형이 틀어졌다는 것이다. 세계의 영적인 병은 경제적인 병과 마찬가지로 크게 우려되는 문제이다. 영적인 병, 경제적인 병, 그리고 이 책의 주제인 생물학적인 병은 모두 하나의 현상이 가지고 있는 서로 다른 측면일 뿐이다. 생물학적인 관점은 우리가 살아 있는 한 언제나우리에게 직접적으로 관련되는 관점이다. 이러한 관점을 무시하는 것은 이치에 맞지 않는다. 우리는 생물학적 관점을취하면서 그것을 다른 관심사들에, 다시 말해 경제적, 지적,영적 문제들에 관련시킬 수 있고, 또 그래야만 한다.

기계가 아닌 유기체

생물학은 생명의 메커니즘에 대한 연구이다. 이 메커니즘은우리가 유기체로 알고 있는 건축적 형태를 관통하는 물질의지속적인 흐름이다. 유기체만이 생명 또는 생물의 정체성을갖는다. 예컨대 소용돌이는 정체성은 있지만 물질적 지속성은 갖지 못한다. 그러므로 생물과 기계 사이에 진정한 유사성은 있을 수 없다. 그 생물이 아무리 단순한 생명체라 해도말이다. 앞서 언급한 물질의 흐름은 가장 넓은 측면에서 본다면 영양 흡수의 과정이다. 모든 종류의 유기체는 이를 위해 필요한 물질을 그 나름의 고유한 방법으로 지속적으로공급받는다. 대부분의 고등 생명체는 (반드시 더 하등하지는않은) 다른 생명체가 이미 흡수한 물질을 이용할 수 있을 뿐이다. 이때 물질은 다른 생명체의 구조를 보유하고 있다. 당연한 말이지만 인간의 영양 섭취는 이 물질의 이용 가능성에 달려 있다. 제한된 범주의 물질만이 인간의 필요에 적합하다. 그것은 다른 생물들에게도 마찬가지이지만, 잡식동물인 인간의 선택지는 대부분의 다른 생물들보다 더 넓다.

인간 삶의 일부인 농업

과거에 인간은 사냥을 통해 필요한 것을 얻었다. 그 후 재배의 기술을 습득함으로써 엄청난 인구 증가가 가능해졌다. 요컨대 지금이나 이후의 모든 종류의 작물 재배와 동물 사육을 포함해서 농업은 인간의 유일한 생존수단이 되었다. 농업은 인간의 주된 활동일 뿐 아니라, 본질적으로 물질의 흐름인 자기 자신에게 통일성을 부여해주는 중요한 매개가 되었다. 이 매개가 얼마나 강하게 작용하는가는 인간 자신의 노력에 달려 있다. 농사의 모든 단계와 과정에 관련되는 하나의 토대는 무수히 많은 종류의 흙이다. 토양은 농사의 토대이면서 또한 인간의 육체적 삶의 토대이다. 흙은 인간 삶의 근간이다. 오늘날 국민 생활에서 농업의 중요성은 널리 인정되고 있으나, 대체로 모호한 인식의 형태를 띠고 있을 뿐이다. 농업의 대부분은 국가 자산이 아닌 것으로 이루어져 있고, 평화시에 중요하고 전시에는 필수적이며, 현재 농업에 종사하는 6퍼센트 정도의 영국 인구는 매우 어려운 입장에 놓여 있다는 식이다. 영국에서 농업은 대부분 이와 같이 매우 제한된 관점에서 고려된다. 농업은 국민 생활에서 중요한 여러 활동 중 하나로 가정되지만, 이 나라 사람들은 식량을 영국보다 더 값싸게 생산할 수 있는 외국의 농업에 관심이 있을 뿐이다. 영국의 농업 개선을 위한 변화의 대부분은 6퍼센트의 농업 인구가 이끌었다. 그 과정이 편견에 치우치지 않고 사려 깊었다고 하더라도 이와 같은 소수로는 유효한 결과를 만들어낼 수 없을 것이다. 농업의 문제는 본성상 도시민이 안고 있는 문제와는 아주 적은 공통점만을 갖는다는 사실, 그리고 거기에는 값싼 식량을 대량으로 공급하는 문제보다 훨씬 더 많은 것이 있다는 사실을 알고 있는 사람은 매우 적다.

이 책은 농업 문제에 그 이상의 것이 얼마나 많은지를 보여주기 위해 비전문가가 비전문가를 위해 쓴 하나의 시도이다. 이 책은 우리의 현재 상황에 대한 생물학적, 경제학적 개관을 시도하고자 한다. 그러므로 우리는 흙에서부터 시작해야 한다.

생명체인 토양

첫째, 토양의 본성에 관하여. 토양의 종류는 무수히 많은데, 그 하나하나는 생물 또는 무생물 변수들의 복합체로 생각될 수 있다. 그 변수들은 믿을 수 없을 만큼 많고 그 요인은 엄청나게 다양하다. 그중 다수는 개별적으로 또는 집합적으로 과학 연구의 대상이 되어왔다. 이에 대해서는 귀중하고 박식한 많은 책들이 있다. 토양에 관한 이러한 연구에는 분명 끝이 없을 것이다. 에드워드 러셀^{Edward John Russell}의 『토양 조건과 식물 생육^{Soil Conditions and Plant Growth}』[1]은 이 주제에 대한 훌륭한 개론서이다. 토양은 그 자체로 온전히 전체를 이루는 하나의 세계이지만, 또한 그 하나하나의 세계들은 각각 독립적 개체들이다. 개체로서의 토양은 가변적이고 살아 있으며, 모든 농부, 재배자와 밀접히 연결되어 있다. 여전히 세계 인구의 대다수는 농부 또는 재배자이다. 흙을 다루는 그들은 땅을 생각해야 하고 살아 있는 전체로 대해야 한다. 흙

---

1   러셀과 앨런 와일드^{Alan Wild}의 공저이며 1912년에 발간되었다.

은 죽은 매개체가 아니라 생명체와 같으며 그 막대한 중요성
은 거기서 나온다.

식물의 영양작용

이에 대한 심도 있는 논증에 앞서, 식물은 성장하기 위해서만
무생물인 광물질을 필요로 한다는 생각에 대해 논의하는 것
이 좋겠다. 이러한 생각은 재배자들에게도 널리 받아들여지
고 있다. 이는 식물이 광물질을 필요로 한다는 과학적 발견을
섣불리 일반화한 결과이다. 이러한 발견은 그 나름대로 유효
하지만 완전한 진리를 담고 있지는 않다. 그중에서, 용해된 광
물질을 함유한 순수한 물만으로, 또는 살균된 모래에 물을 공
급할 때 식물의 생육이 가능하다는 것은 증명된 사실이다. 이
런 방식은 실험실뿐 아니라 상업적 재배에서도 흔한 방법이
되었다. 미국인들이 "수경재배"라 부르는 이 방법은 밝은 미
래를 가져다줄 것으로 보였다. 이 방법의 주된 장점은, 배지[2]
가 살균됨으로써, 생물체가 일으키거나 옮길 수 있는 질병을

---

2   식물의 생육을 위해 필요한 영양소를 함유한 액체 또는 고체로서, 식물 생장
     의 매개체가 되는 물질을 말한다.

쉽게 피할 수 있다는 점이다.

식물이 완전히 생명 없는 배지에서 성공적으로 생장할 수 있다는 사실이 갖는 미래의 상업적 중요성을 가늠하려 한다면 그것은 섣부른 일일 것이다. 더군다나 이러한 사실에 근거하여 흙은 더 이상 필수적이지 않다고 주장한다면 훨씬 더 어리석은 일일 것이다. 이는 토양을 마치 식물에게 필수 화학물질을 공급해주는 무생물 배지와 같은 것처럼 생각하는 것이다. 그런데 이미 이렇게 말하는 사람들이 있을 뿐 아니라 실무에서도 그러한 가정을 받아들이고 있는 상황이다. 그것이 가져올 파괴적 결과에 대해서는 추후 상술하겠다. 한편, 식물이 필요로 하는 모든 화학 복합물이 공급될 때, 그리고 통풍 등과 관련된 배지의 물리적 조건이 적절할 때 아마도 식물은 무생물 배지에서도 생육이 가능할 것이다. 그러나 이러한 조건을 만족시키는 것은 소규모로만 가능하다. 그러므로 수경법이나 그와 유사한 방법으로 재배한 식물은 인간이 필요로 하는 많은 부분을 오랫동안 공급해줄 수는 없을 것으로 보인다. 그러므로 우리는 모든 실질적인 목적을 위해 여전히 거의 전적으로 흙에 의존할 수밖에 없다. 또한 토양은 수경재배 시설과는 전혀 유사하지 않으며, 그렇게 만들어질 수도 없다. 머지 않아 수경재배의 위상이 실제로 어떠한 것인지 밝혀질 것이다. 그때까지는 이런 방법들을 무한정 지속해야 한다는 실질적 필요성을 주장할 것이 아니라, 자연적인 방법이 더 나은 결과를 가져온다는 관점을 견지하는 것이 더 적절하다.

수경재배의 궁극적 의의를 판별하는 유효한 검사는 매우 어려울 것이며 많은 비용과 시간이 필요할 것이다. 그 궁극적인 의의는 생산물의 품질에 좌우되는데 그것은 외양과 맛이상의, 그리고 분석된 화학 성분 이상의 무엇인가를 포함하는 지극히 미묘한 문제이다. 그 이상의 "무엇인가"는 아마도 **생명 전달체로서의 유효성**에 관련될 것이다. 이 유효성을 실험으로 설계한다면 적어도 두 가지 방법이 시도되어야 한다. 일차적으로 실험될 식물은 충분히 많은 세대를 거쳐 수경법만으로 재배되어야 한다. 점진적인 활력의 감소가 나타나지 않는다면 2차 검사를 진행할 수 있다. 2차 검사는 격리되어 수경재배만으로 키워진 수확물로 가축을 사육하는 것으로, 이 또한 여러 세대의 가축에 시험해보아야 한다. 실험 기간 동안 전체 체계는 영양의 측면에서 완전히 격리되어야 한다. 실제적으로 고려할 때 인간은 실험 대상으로서 이상적이겠지만 제외될 것이다. 아무리 야심차게 기획된 실험이라

할지라도 모든 단계에서 적절한 과학적 제어가 이루어져야 하므로 이 기획은 상당히 염려스러운 형세를 보인다.

이에 대해 너무 걱정할 필요는 없을 것이다. 생명에 대해, 그리고 생명의 요구에 대해 이해하고자 한다면 우리는 그것을 조각조각 잘라서 따로따로 살펴보지는 않을 것이기 때문이다. 생명 전체에 관련된 잘 제어된 실험을 하는 것은 불가능하지만, 생명에 대해 분석적이지 않은 종합적인 넓은 관점에 도달하는 것은 결코 불가능하지 않다.

지금까지 말한 내용은, 흙은 죽은 매개체가 아니라 살아 있는 독립체로서 우리에게 중요하다는 주장을 옹호하기 위한 것이었다. 아직 확신을 갖지 못하는 독자는 더 읽어주시기 바란다.

부식토의 중요성

토양의 표층은 살아 있다. 1~2인치부터 1~2피트 깊이를 차지하는 이 토층은 심토를 구성하는 더 아래의 층들보다 일반적으로 짙은 색을 띠며 부슬부슬하다. 식물은 표층토에서 쉽게 성장하며 하층토에는 흔히 광물이 풍부하지만 식물이 자라지는 못하다는 것을 농부들과 재배자들에게 말해줄 필요는 없다. 표토는 **부식토**를 함유하기 때문에 더 짙은 색을 띠며 더 잘 부스러진다. 부식토는 일찍이 살아 있는 물질이었던 것이 부패하면서 생겨난 산물이다. 부패는 물론 유기체가 없으면 일어나지 않는 생체적 과정이며, 부식토에도 다양한 정도의 생체 활동이 나타나는데, 이는 토양을 제어하고 균형을 잡아주는 주된 요인이다. 토양이 재배에 적합한지 아닌지는 어느 정도는 토양 속 광물질의 성질과 조건에 달려 있지만, 그보다는 토양이 함유하고 있는 부식토에 달려 있다. 거의 0에서 100퍼센트까지 다양한 비율로 존재하는 부식토의 양이 중요한 요인이지만, 그보다 더 중요한 것은 부식토의 활성이다. 순수한 토탄土炭은 거의 100퍼센트 부식토이다. 그러나 그 대부분은 불활성 상태이기 때문에 식물이 자라지 못한다. 살아 있는 표층토의 깊이와 활성은 토양의 비옥성[3]을 결정하는 척도이다.

표층토는 짙은 색깔과 잘 부스러지는 성질 외에도 또 다른 특성들을 지니고 있다. 밸런서balancer인 부식토는 질척한

---

3   비옥성fertility은 작물의 생육에 영향을 주는 토양의 화학적, 이학적, 미생물학적 여러 특성의 종합적 성질로, "토양비옥도"로 표현된다. 땅이 "기름지다"는 표현이나 "땅힘", "지력地力"과도 통하는 말이다.

토양을 부슬부슬하게 만들기만 하는 것이 아니라 점성을 준다. 점성이 없는 토양은 모래흙과 같이 너무 잘 부스러지게 될 것이다. 부식토는 모든 토양을 경작하기 쉽게 만들어준다. 이경성易耕性[4]이 좋은 토양은 수분을 흡수하고 보유하며, 물의 투과를 쉽게 하여 수분의 잉여를 허용한다. 아래쪽으로 향하는 물길이 막히지 않는 한 이러한 토양은 결코 침수되지 않으며, 이경성이 좋지 않은 유사한 토양보다 침수의 피해를 덜 입는다. 이러한 토양은 마치 스펀지와 같이 편안하게 모든 것을 탐욕스레 흡수하고 보유하면서도 빠져나갈 수 있는 잉여를 허용한다. 토양 속의 부식토가 유실되거나 비활성화되면 토양은 차츰 이러한 특성들을 잃어버리고, 질척하거나 건조한 본래의 결함 많은 상태로 되돌아가게 된다.

이러한 사실들은 확고하게 인정되고 있으며 쉽게 증명된다. 살아 있는 표층토의 또 다른 주된 성질은 대부분의 건실한 농업 관행의 기초이지만 과학적으로 검증하기는 훨씬 어렵기 때문에, 오늘날 그 중요성은 과소평가되고 있다. 정확한 측량이 불가능할 때, 이 경우처럼 설사 필수적인 것이라

---

4   이경성tilth은 경작을 쉽게 해주는 토양의 물리적 성질을 말한다.

해도 우리는 그것을 차라리 무시해버리는 쪽을 택하는 경우가 있는데, 이는 매우 곤란하다. 살아 있는 표층토의 또 다른 성질이란 토양 속의 광물질들에 작용하여 식물이 그것들을 흡수할 수 있도록 만들어주는 성질이다. 조금 더 모호하지만 요즘에도 여전히 이야기되는 방식으로 말하자면, 토양 속 광물질의 양이 아무리 적더라도 식물에게 그것을 이용할 수 있는 힘을 부여해준다는 것이다. 실제로 토양의 생체 활동이 약해질 때 작물들이 특정한 결핍 증상을 나타내기 시작한다는 것은 의심할 여지가 없다. 그런데 화학 분석상 특별한 성분 결핍이 나타나지 않는데도 그런 경우가 있다. 이때 그 성분은 식물이 활용할 수 없는 형태로 존재한다. 화학적 형태로 토양에 첨가되었다고 말해지는 이러한 경우의 극단적 사례는 앞에서 언급한 수경재배이다. 이 경우 식물은 무생물 배지에서 생장하며, 모든 필요조건은 정확히 적합한 형태와 비율로 인공적으로 공급된다. 토양의 결함이라고 하는 것이 실제로 살아 있는 토층의 비활성에서 기인하는 경우는 얼마나 될까? 이에 대해 지금 곧바로 대답하려 든다면 그것은 너무 지나친 기대일 것이다.

토양의 죽음, 침식

살아 있는 토층이 활성을 잃어버릴 때—그러나 중언부언할 것 없이 문장을 다시 시작해보자—살아 있는 토층이 병들거나 죽어갈 때 토양은 이경성 또는 텍스처를 잃어버리고, 물 조절 능력을 상실하고, 소화력을 잃어버린다. 다시 말해 토양은 비옥성을 잃어버린다. 지력地力, 즉 비옥성을 상실했다는 것은 흙이 병든 상태라는 뜻이다. 살아 있는 토층이 적절한 먹이를 공급받지 못하면 토양은 건강하지 못한 상태가 된다. 그 먹이란 알맞게 부식된, 또는 알맞은 부식이 일어날 수 있는 조건을 갖춘 유기물이다.

병든 상태의 마지막 단계가 되면 토양의 표층은 광물 성분의 성질에 따라 변화한다. 경화되는 경우 뿌리가 토양을 뚫고 들어갈 수 없고, 비가 오면 스며들지 않고 표면에 흘러넘친다. 굳어진 토양은 잘 갈라지는 경향이 있다. 빗물은 이 틈새로 흘러 들어와 도랑을 형성한다. 도랑들은 결국 하나로 합쳐지고 전체 표면은 범람하게 된다. 이것이 바로 토양의 죽음인 침식의 한 유형이다. 그렇지 않은 경우에는 표면이 매우 느슨해져 물에 씻겨나가거나 바람에 실려 날아가기 쉽다. 한때 비옥했던 토양도 완전히 유실되거나 파괴의 도구로 변화할 수 있다. 유사流沙가 쌓여 강이 막히고, 홍수가 일어나고, 생물의 호흡을 방해한다. 침식은 느리거나 빠르게 진행된다. 비탈에서 씻겨 내려간 토양은 차츰 경사지 아래쪽에 쌓여 위쪽 땅을 황폐하게 만든다. 이를 표층침식이라 한다. 그러나 빠르건 느리건 끝은 같다. 바다가 되는 것이다. 그 경우, 지질 격변이 일어나지 않는 한 유실된 토양은 회복되지 않는다.

침식 과정에서 운반되는 토양의 대부분은 긴 시간 동안 바다에 이르지 못한다. 유수流水로 인한 침식이 일어날 때 계곡이나 삼각주에 퇴적물이 쌓이는데, 이것이 흔히 말하는 충적토沖積土라는 것이다. 침식이 바람으로 인한 것이라면 그 퇴적물은 풍적토風積土라고 한다. 가장 비옥한 토양으로 알려진 땅들은 바로 이 충적토와 풍적토로 이루어져 있다. 세계에서 가장 좋은 토양들이 침식으로 인한 퇴적토로 이루어져 있다는 사실을 볼 때, 침식은 토양을 이 땅에서 저 땅으로 운반할 뿐 별로 문제 될 것이 없다고 생각할지도 모르겠다. 그러나 그러한 가정은 몇 가지 이유에서 심각한 오류이다. 예외적인 상황이 아닌 한, 토양의 깊이가 두 배가 된다고 해서 구역 단위당 수확량이 두 배가 되는 것은 아니기 때문이다.

다시 말해, 경작된 땅 1에이커의 모든 흙을 그 옆의 땅 1에이커에 때려 넣는다면, 이전에 2에이커에서 수확하던 것만큼 수확할 수 없음은 거의 분명하다. 또한 유용한 토양의 깊이에는 한계가 있는데, 작물에 따라 다르기는 하지만 기껏해야 몇 피트를 넘지 않는다고 알려져 있다. 풍적토의 깊이는 700~800피트에 이르는 경우도 있지만, 이용되는 것은 표층의 1~2피트뿐이다. 심층으로 들어간 나머지는 비옥성이 있어봤자 소용이 없다. 유수에 의해 퇴적된 토양도 대부분 심토가 된다. 바람에 의한 침식의 경우, 퇴적된 토양은 흔히 모래나 먼지로서, 이미 비옥성을 상실했기 때문에 침식된 것이다. 이러한 퇴적토는 비옥성을 가질 수는 있지만 그러기 위해 많은 시간이 걸린다. 그동안 성숙한 비옥토는 그 아래에 묻혀버리게 되므로 누적된 비옥성은 점점 더 닿을 수 없는 심층으로 들어가게 되고, 결국은 공기가 통하지 않아 파괴된다. 그러므로 퇴적토를 수용한 토양의 입장에서 보아도 토양의 이동은 이롭지 않다. 토양의 이동이 이로운 예외적인 경우는 단 하나이다. 퇴적층이 매우 얇고 고르며, 완전히 노출된 잠재적 활성 물질로 구성되어 있는 경우이다. 침식된 토양은 언제나 유실이 일어난다. 이러한 이동으로부터 실질적인 이득이 있는 경우는 지극히 드물고, 침식이 일어난 곳과 퇴적토가 수용된 곳 모두에 걸쳐 손실이 초래된다.

토양침식의 규모

침식은 언제나 진행되고 있으며, 비옥한 상태의 토양에서도 마찬가지이다. 침식의 속도가 토양 속 광석이 생물의 침범을 받아 토양으로 전환될 수 있는 속도를 넘어서면 문제가 되기 시작한다. 침식의 속도는 가변적이지만 언제나 매우 느리다. 대략 1인치에 500년에서 1,000년이 걸리는 정도이다. 흔히 그렇듯이 이 속도가 크게 증가하면 문제는 커진다. 급속도로 진행되는 침식의 범위가 국지적이라 해도 걱정인데, 오늘날 그 범위는 전 지구에 걸쳐 있으며 인간과 세계의 운명은 위기에 처해 있다. 침식의 실제 규모에 대해 과학적으로 신뢰할 수 있는 추정치를 제시하는 것은 매우 어려운 일이다. 그러나 그 발생 범위가 전 세계적이며 심각하다는 것을 보여주는 증거는 충분히 많다. 어떤 국가도 이 문제에서 완전히 면제되지 않지만, 일반적으로 거대한 대륙 지역들은 가장 심각한 피해를 입고 있다. 점점 더 많은 문헌이 이 주제를 다루고 있다. 아마도 가장 포괄적인 연구는 잭스[Jacks]와 화이트[Whyte]

의 공저 『땅의 훼손*The Rape of the Earth*』일 것이다.

이 문제에서 가장 주목받고 있는 국가는 미국인데, 통상적으로 이 나라가 기록에 충실하기 때문이다. 염려되는 통계치를 인용하자면 끝이 없다. 미국의 지표면 56.4퍼센트에서 4분의 1 이상의 토양이 유실되었다. 토양비옥도의 총유실량은 애초 이용 가능량의 30~50퍼센트로 추산된다. "1년 동안 바다로 흘러 들어가는 토양의 양은 5억~10억 톤이며, 이는 20억 달러"에 해당하는 식량 작물이, 또는 연간 21배의 수확량이 사라지고 있음을 의미한다. 그러나 그것은 전체 손실의 일부분일 뿐이다. 1,500만 에이커가 완전히 유실되었으나 이는 "전체 이야기의 미미한 일부분일 뿐이다. 그것은 토지 불모화를 초래하는 유실 형태 중 가장 심각성이 덜한 표층침식이기 때문이다". 미주리강 유역에서는 24년 동안 평균 7인치의 표층토가 유실되었다. (체임벌린[Chamberlin] 교수가 추산한 일반적인 토양생성률은 1만 년에 1인치이다.) 캘리포니아 등지의 신생 사막들은 "더스트볼"[5]이라 불린다. 가장 큰 더스

---

5   더스트볼[dust-bowl]은 북미대륙의 산록 분지 지형을 말하는 용어로, 사발[bowl] 모양을 한 반건조지대이며 강한 모래바람이 자주 발생한다.

트볼은 2,500개의 농장을 파괴하면서 1년에 40마일씩 전진했다. 나무심기 등을 통해 그것을 멈추려는 노력들은 실패했다. 서부의 방목지들도 예외는 아니어서, 과도한 목축과 화재는 자연적인 보호막을 제거해버렸다. 미국이 직면하고 있는 여타 문제들은 이 문제에 비하면 아무것도 아니다. 난파선에서 약간의 물건을 건져내는 것 이상의 무엇인가를 하기에는 이미 너무 늦었다.

많은 다른 나라에서도 마찬가지이다. 오스트레일리아에서는 아마도 미국에서보다 더 빠르게 진행되고 있지만, "문명화"의 영향하에 놓이게 된 기간은 3분의 1밖에 되지 않는다. 그곳의 주된 문제들은 과도한 목축과 건전하지 못한 문화적 방법이다. 그곳에는 구곡침식溝谷浸蝕[6]이 많다. 뉴사우스웨일스[7]의 밀농사 지대는 매년 눈에 띄게 불모화되고 있다고 한다.

---

6   구곡침식gully erosion은 산비탈이 빗물에 의해 깎여나가 골짜기를 이루는 침식을 말한다. 도랑침식이라고도 한다.

7   뉴사우스웨일스New South Wales는 오스트레일리아 남동부에 있는 주이며, 주도는 시드니이다. 오스트레일리아에서 인구가 가장 많고 밀 재배, 목양, 낙농, 원예가 성하며 공업이 발달했다.

아프리카에서는 사하라 사막이 연평균 2분의 1마일의 속도로 남하하고 있고, 투르카나 사막[8]은 1년에 6~7마일씩 동쪽으로 움직이고 있다. 사실 아프리카 대륙 전체가 모든 종류의 침식, 사막의 확대, 신생 사막의 형성으로 시달리고 있다. 케냐는 빠르게 불모화되고 있으며 메뚜기 떼에 시달리고 있다는 사실은 잘 알려져 있다. 사하라 북부가 로마의 곡창이었으며 로마 시대에 콩고의 숲은 현재 1,500마일의 사막 또는 반사막에 의해 분리되어 있는 하르툼[9]까지 뻗어 있었다고 하니까, 이것은 아프리카에서 전혀 새로운 현상이 아니다. 침식은 새로운 현상이 아니지만 최근 몇 년 동안 그 전체 과정은 엄청난 가속화를 보이고 있다.

중국은 최선과 최악 사이의 현저한 대조를 보여준다. 광범위한 지역에 걸쳐 세계 최고의 농업이 실행되고 있으나 (킹Franklin Hiram King 교수의 고전인 『4,000년의 농부들Farmers of Forty Centuries』[10]을 보라), 훨씬 더 광범위한 땅에 최악의 침식이 만

---

8   투르카나Turkana 사막은 동아프리카에 있는 세계 최대의 사막호수이다. 대부분이 케냐 북서부에 위치하며 에티오피아에도 약간 걸쳐 있다.

9   하르툼Khartoum은 수단의 수도이며, 청나일강과 백나일강이 합류하는 지점에 있는 하천 교통의 요지이다.

연하다. 잘 경작되고 있는 지역들은 침식의 영향을 받지 않고 있다. 중국의 농업 관련 산업과 정책은 타의 추종을 불허할 정도로 월등하지만, 황허강의 범람으로 인한 주기적인 파괴를 예방하지는 못한다. 황허강은 단독으로 연간 250억 톤의 침식된 토양을 운반하는데, 이는 2,000제곱마일에 1피트 두께를 쌓는 양이다. 둑과 둑 사이에 토사가 쌓이면 강바닥은 막히게 되어, 주변의 땅보다 더 높아질 때까지 계속 상승한다. 강둑이 터졌을 때 주변의 토지와 거주자들을 구해줄 수 있는 것은 아무것도 없다. 이 모든 것은 대체로 중국에 연료가 부족하기 때문에 그 공급을 위해 삼림이 벌거벗겨졌기 때문이다. 일찍이 칭기즈칸의 사냥터였던 곳도 이런 과정을 거쳐 고비 사막으로 변했다.

러시아에서 침식은 그 규모에 대한 믿을 만한 추산치는 없지만 막대한 규모로 오랜 세월에 걸쳐 일어났다. 그 중요한 특징은, 야심만만한 대규모 기계 농업에 의해 엄청난 가속화가 이루어졌다는 점이다. 강우량이 부족하고 강풍이 심한 러

---

10 미국 농림부 토양관리국장을 지낸 킹이 1909년에 중국, 한국, 일본의 전통 농법을 직접 돌아보고 쓴 답사 보고서로, 1911에 발간된 후 노스본을 비롯한 유기농업의 선구자들에게 큰 영향을 끼쳤다. 부록을 참조할 것.

시아의 광범위한 지역들은 사막 형성의 속도나 정도에서 미국과 기록을 다투고 있다고 해도 과언이 아니다.

캐나다와 남아메리카, 인도에서도 각기 다른 빈도로 같은 경향이 관찰되는데, 비옥성을 보완하고 증대하려는 경향은 보이지 않는다. 비옥성의 증가를 생산량의 증대와 혼동해서는 안 된다. 인간의 이용을 위해 증대된 생산은 보통 현존하는 비옥성을 생산력으로 전환하여 고갈시킴으로써 보장되는데, 그 결과는 앞서 말한 대로 파괴적이다.

지금까지 유럽을 제외한 세계 농경지의 대부분을 언급했다. 유럽에서 진행되고 있는 침식은 극적인 규모는 아니다. 그럼에도 불구하고 예를 들어 그리스의 구릉 정상들은 한때 숲이었으며 경사지들은 흙과 풀로 덮여 있었다고 하지만 지금은 그렇지 않은 곳들이다. 또한 지중해 지역 전체에 걸쳐 적어도 지난 300년 동안 토양의 점진적인 건조가 일어나고 있다고 한다. 지금보다 더 많았던 계단식 경작지는 잘 관리되었지만,[11] 산림은 연료를 얻기 위해 훼손되어왔다. 구릉 중턱에서 일어

---

11 경사지나 구릉지에서 계단 모양의 논밭을 만들어 경작하는 계단식 농업은 세계 여러 지역에서 발견되며, 경사지에서 쉽게 일어날 수 있는 침식을 막아주는 기능이 있다.

나는 강우에 의한 토양 쓸림은 위험한 수준이라 할 만하다. 예를 들어 사부아에서는 적어도 10만 에이커의 좋은 땅이 홍수로 쌓인 굵은 토사에 의해 못 쓰게 되었다. 영국에서는 미세한 습지 토양이 바람에 날려 최근에 문제 된 적이 있다.

토양침식의 물리적, 경제적 원인

그러나 심각한 침식은 거대한 과정의 최종 단계일 뿐이다. 그 과정은 보통 비옥성이 상실되는 것으로 시작한다. 비옥성의 상실은 침식보다 훨씬 더 큰 영향 범위를 갖는다. 침식의 정도는 단지 비옥성의 상실이 끼치는 영향이 더 커졌음을 보여주는 지표일 뿐이다. 침식이 토양의 죽음을 의미하고 외견상 나타나는 것처럼 실제로 심각하다면, 얼마나 많은 땅이 죽음의 길목에 있는 것일까? 침식의 속도가 일정하다면 이것은 적절한 질문이겠지만, 침식의 속도는 일정하지 않으며 세계적으로 매우 빠르게 가속화되고 있다. 1914년 이후, 그 이전까지의 세계사를 통틀어 유실된 것보다 더 많은 토양이 유실되었을 것이다.

이것은 통상적인 의미에서의 "자연적인" 현상이 아니다. 현대에 들어서 나타난 사막의 증가에 관한 한 그것을 만들어낸 것은 자연이 아니라 인간이라는 점은 의심의 여지가 없다. 세계의 큰 사막들 대부분은 인간의 작품이 아니라 할 수 없다. 고도로 발달한 문명의 자취가 많은 경우 지금 사막인 지역에서 발견된다는 사실과 관련하여 인간이 어떻게 하여 사막화를 초래하는지 생각해보면, 그 가능성은 더욱 커진다. 토양이 가진 비옥성의 소모는 전혀 새로운 일이 아닐 뿐더러, 즉각적인 이익을 위해 비옥성을 소모하려는 유혹 또한 전혀 새로운 일이 아니다. 현재 상황이 나타내는 새로운 특징은, 인간이 기계를 사용함으로써 최근에 자신의 육체적 힘을 크게 확장했다는 점이다. 이제 한 명의 인간은 열, 혹은 백 명이 해야 했던 일을 그보다 더 빠르게 수행할 수 있다.

자연적 침식은 매우 느리다. 침식이 상대적으로 빠른 고산 지대나 척박한 산악지대에서도 침식은 특수한 조건에서만 일어난다. 빠른 속도의 침식이 반드시 농경에 수반되는 것도 아니다. 중국의 몇몇 지역에서는 적어도 4,000년 동안 비옥성의 손실 없이 경작이 이루어졌고, 아마도 그동안 토양은 유실되기보다는 비옥해졌을 것이다.

인간이 초래하는 사막화는 다양한 방식으로 시작된다. 인간은 부식토를 소모하고, 유기물을 공급하여 고갈된 부식토를 교체하는 데 실패함으로써 토양의 텍스처를 바꾸어놓는다. 가축은 식물이 원하지 않는 유기물을 사용 가능한 형태로 바꿔주는 중요한 전환자converter이다. 축력을 사용하지 않는 농업이나 짚 태우기[12] 등은 모두 농업의 본질인 **되돌려주기의 규칙**을 지키지 않는 예들이다. 흙에서 나온 모든 것을 제때에 충실하게 되돌려줄 때에만 비옥성은 영구히 보존될 수 있으며 땅은 진정한 증식을 산출할 수 있다.

한 종류의 작물만을 재배하는 대규모의 단일재배는 토양 속의 균형인자들을 여러 방식으로 교란한다. 단일재배되는 작물들끼리는 서로 주고받는 것이 없다. 질병은 쉽게 확산된다. 자연은 언제나 식물 간, 동물 간 혼합을 만들어낸다. 그렇게 함으로써만 살아 있는 물질은 낭비 없이 항상적으로 순환될 수 있다.

특히 더운 나라에서 토양은 부적절한 경작으로 인해 공기, 빛, 열에 과다하게 노출된다. 이는 부식토를 빠르게 부패시키며, 이렇게 되면 토양 속의 부식토는 최소한의 양도 유지되지 못한다. 이것이 바로 흔히 말하는 열대성 침식의 원

---

12   밀짚을 연료로 사용하기 위해 현장에서 태우던 관행을 말한다.

인이다.

침식은 앞서 언급한 하나 이상의 조건이 복합적으로 주어
질 때 발생하는데, 이때 부지 정리와 소각, 쟁기질, 과다하거
나 무분별한 목축(특히 염소), 또는 토끼와 같은 지피 파괴 동
물의 유입 등으로 토양의 자연적 피복이 제거되어 바람과 물
에 직접적으로 노출되면 침식이 일어나기 쉽다. 대안적 피복
을 제공하거나, 자연적 회복에 필요한 휴지기를 적절하게 조
성하는 데 실패하면 침식이 일어나는 것이다. 대안적 피복은
작물 재배로 가능하다. 특히 다양한 작물의 윤작 또는 줄뿌
림 재배가 좋고, 때로는 산울타리 또는 방풍림으로 대안적
피복을 조성할 수도 있다. 인간에 의한 침식의 또 다른 원인
으로 삼림 벌채를 들 수 있다. 부적절한 벌목은 단지 그 나무
가 자란 언덕을 나지화裸地化하는 데에 그치지 않는다. 숲은
마치 스펀지와 같이 작용하여 물이 언덕에서 흘러나가는 속
도를 균일하게 만든다. 그러므로 부적절한 벌채는 언덕에서
침식이 일어나도록 만들고, 이렇게 되면 계곡에서는 홍수와
가뭄이 번갈아 일어나 결국 계곡 자체가 침식되거나 유해한
미사토微砂土 퇴적이 일어나게 된다.

인간의 파괴적 행위가 원인이 되는 마지막 범주는 부적절

한 경사지 재배이다. 이 또한 다른 요인들과 복합적으로 작용할 수 있다. 경사지가 계단식으로 조성되지 않는 한 토양은 언제나 쓸려 내려갈 것이다. 완만한 경사지에서도 마찬가지이며, 경작지에서는 더 잘 쓸려 내려간다. 경작지의 오래된 오솔길이나 산울타리 한쪽에 토양이 쌓였다가 반대쪽으로 떨어져 내리는 속도는 놀라울 정도이다. 이러한 침식은 심각할 수도 있고 그렇지 않을 수도 있다. 이에 대한 유일한 예방책은 수평 계단식 경작으로, 태곳적부터 모든 훌륭한 농부들이 해온 방식이다. 지나치게 큰 땅에서 경사면 농사를 짓거나, 경사면을 수평으로 가로지르지 않고 위아래로 고랑을 내면 침식은 엄청나게 가속화되어 재난이 될 수도 있다.

침식의 원인은 이것이 전부가 아니다. 이 원인들은 다양하게 조합되어 토양의 건조와 풍화를 초래하거나 씻겨나가게 만든다. 표층침식의 경우에는 침식이 고르게 일어나고, 도랑이 형성되는 구곡침식의 경우에는 불균등하게 일어난다. 이것이 바로 사막이 만들어지는 방식인데, 일단 사막화가 시작되면 사막은 점점 커진다. 바람에 날리는 모래는 사막 가장자리에 있는 식물들을 질식시킨다. 비가 오면 물의 흐름을 조절해줄 스펀지 역할을 하는 표면이 없기 때문에 동식물과 인간은 죽거나 쫓겨나며, 심토의 진흙층은 홍수에 잇따르는 가뭄에 의해 바싹 말라 비옥한 토양 위에 흩뿌려진다. 그러면 메뚜기 떼가 온다.[13]

세계 각지의 토양유실 속도에 비해 해악을 경감하려는 노력은 미미하게 행해졌을 뿐이다. 그런데 토양유실 속도는 산술적 증가가 아닌 기하학적 증가의 경향을 띠고 있어서, 몇몇 나라 사람들, 특히 미국인들은 상황의 심각성을 인지하지 않을 수 없었다. 그러나 그 나라에서조차 가까운 미래에 토양유실 속도가 감소되는 것은 물론이고 안정적인 국면에 들어서기 위해 국민과 정부가 관심을 기울여야 할 문제는 아직 해결되지 않은 상태이다. 그래도 거기서는 아메리카 대륙의 상당히 큰 부분이 결국 사람이 살 수 있는 상태로 영원히 유지될 것이라는 희망이 있다. 이전의 풍요로운 상태에는 훨씬 못 미치겠지만 말이다. 극심한 침식으로 황폐해진 지역, 다시 말해 모든 아프리카와 오스트레일리아의 침식 지역에 대해서는 그와 같은 것을 확신할 수 없다.

---

13 메뚜기 떼의 형성에는 고온다습한 기온, 녹색 식물 등 다양한 원인이 있지만 토양의 특성도 하나의 원인이 된다.

침식의 책임을 피할 수 있는 사람은 거의 없다. 그 책임의 일부는 단순히 어리석음에서 오지만, 대부분은 소모적으로 땅을 사용해 경쟁자보다 싼 가격에 공급함으로써 "빠르게 부자가 되려는" 탐욕에서 기인한다. 그러나 실제로 농부가 부자가 되는 경우는 드물다. 그렇다면 지난 세기 동안 많은 전업 농부가 유례없이 극심하게 땅을 훼손하도록 이끈 유인책은 무엇이었을까? 전 세계에 걸쳐 소모적 농경[14]이 빠르게 확장하도록 자극한 것은 무엇이었을까?

국제 부채

앞서 말한 **빠르게 부자가 될** 가능성이 널리 전개됨으로써 그 자극제가 되었다. 그것은 부분적으로는 강력한 신기계의 발전에 힘입은 것이었고, 한편으로는 하나의 특수한 경제체제가 세계적으로 동시에 확장됨으로써 가능했다. 이 체제로 인해 막대한 금융 부채가 쌓였다. 국내, 국제 부채는 상환할 수 없을 만큼 커져서 이자 납부만으로도 엄청난 압박

---

14 소모적 농경exhaustive farming은 단기간에 토양을 황폐하게 만드는 농경을 말한다. 반대되는 개념은 보전농경conservation farming으로, 오랜 기간에 걸쳐 농지로서의 토지를 보존하는 농경 방식을 말한다.

감을 주게 되었다. 이자를 지급하는 유일한 방법은 단지 돈을 벌기 위한 목적으로 무엇인가를 생산하거나 가공하거나 판매하여 이윤을 남기는 것이다. 그러므로 어디에서나 순전히 금전적인 고려가 다른 모든 것을 지배하게 되었다. 이러한 지배의 성질은 이 체계의 작동을 거시적으로 보여주는 간단한 사례에 의해 가장 잘 드러난다. 이 사례를 선택한 이유는 여기서 우리가 다루는 문제 상황, 다시 말해 한 나라가 가진 토양 자원이 타국의 이익을 위해 착취되고 고갈되는 상황에 특별히 잘 적용되기 때문이다. 국제 부채와 토양침식은 상호 불가분의 쌍둥이 오누이이다. 국제 부채가 쌓이면 채무자는 채무에서의 해방은 고사하고 그저 현상 유지를 위해 자기 자신과 자신이 가진 자원을 소모하는 것 외에는 다른 선택의 여지가 없게 된다. 대부업자와 고객의 관계는 우리가 앞으로 A라고 부를 가상 국가의 공채 소유자와 B국 농부의 관계와 같다. 두 경우에 모두 대부업자는 합의를 보는 것이 서로에게 유리하다고 자기 자신과 채무자를 설득해야 한다. 반대로 채무자가 완전히 소모된다면 채권자 자신의 미래에는 아무것도 남지 않게 된다. 대출 기간 동안에 그가 무엇을 얻든지 간에 말이다.

B국의 "개발"을 위해 A국에서 B국으로 대출된 국제 융자의 경우를 생각해보자. (A국은 B국으로부터 대출에 대한 이자와 함께 발주를 기대한다.) B국은 금 보유량에 여유가 있다면 금으로 대출이자를 상환할 수 있다. 만약 B국이 금을 생산할 수 없다면 A국 또는 다른 나라에 상품을 팔아 돈을 벌어 A국에 상환해야 한다. (그렇지 않으면 B국은 상환을 위해 돈을 빌린다. 그 경우 빚은 더 늘어난다. 이것이 흔히 일어나는 상황이다.) B국은 상품을 팔지 못하면 디폴트 상태[15]가 되어 채무를 이행할 수 없게 된다. 손해를 보고 판매하거나, 마찬가지의 이야기이지만 수출업자에게 보조금을 준다 하더라도 사정은 같다. B국의 상품을 수입하는 A국의 입장에서는 B국의 상품이 국내가보다 저가로 공급되는 것을 좋아하지 않는다. 그러므로 A국은 관세를 매기고 수입을 제한하는 다른 조치들을 취한다. 그러나 C국, D국, E국, F국 등이 유사한 입장에 놓여 있다. 즉 외부로부터의 가격 인하와 싸우거나 국내 가격을 유지하거나, 또는 이 두 가지 모두를 통해 무역의 "바람직

---

15 "채무불이행"이라고도 하는 디폴트default 상태는 개인이나 기업이 빌린 돈에 대해 이자 지급 또는 원리금 상환이 불가능한 상태를 말한다.

한" 균형을 얻거나 "적대적인" 균형을 삭감한다. B국 입장에 있는 나라들은 애초에 우리가 가정한 것처럼 "저개발" 국가들이다. 그들은 처녀지 또는 공한지를 가지고 있다. 이 국가들은 그 땅의 비옥성을 훼손함으로써 식량을 매우 싼값에 생산할 수 있다. B국의 채권을 가지고 있는 A국의 국민들은 그것을 환영할 것이다. 그들은 (1) 이자를 받을 것이고, (2) 값싼 식량 덕분에 제조 비용을 낮출 수 있고, (3) 값싼 식량에 대한 요구는 이 체제에서 이익을 보는 이들에게 정치적 걸림돌이기 때문이다. 이렇게 해서 B국의 땅은 엉망이 된다. 그리고 A국의 땅도 할인된 식량 가격 때문에 마찬가지로 엉망이 된다. 그러나 관련자들 중 아무도 별로 개의치 않는다. 두 나라의 잠재적으로 무궁무진하며 양도할 수 없는 부의 원천이 "개발" 때문에 파괴되었다는 것은 주목되지 않는다. 그것을 주목하는 순간은 이미 너무 늦은 때이다.

앞에서 설명한 상황은 대출이자의 납부와 관련해서만 발생한다. 원금 일부의 분할상환은 과거의 대출을 새로운 융자로 대체하는 경우가 아니고서는 전적으로 불가능하다. 물론 이때 부채는 줄어들지 않는다. 태환^{conversion}, 지불 거절, 지불 실패는 흔하지만 분할상환은 매우 드물다.

경제적 비용과 생물학적 비용

그러므로 큰 변동 없이 국가 경제를 지속할 가능성은 세계 시장에서 경쟁을 무력화시키는 능력에 달려 있게 되었다. 그 유일한 방법은 생산을 "합리화"하는 것인데, 그것은 기계와 작물에 대한 주요 자본을 지출한다는 것이고, 그것은 다시 돈을 빌릴 수밖에 없게 하므로 부채는 늘어난다.

"합리화"라는 용어는 약간 모호한 개념이다. 합리화는 원하는 결과를 얻기 위해, 그리고 그러한 결과를 더 짧은 시간 안에 얻기 위해 언제나 결국에는 더 적은 노동력을 고용하는 것, 다시 말해 금융비용[16]의 삭감을 함의한다. 금융비용에 대해서는 최근에 많이 연구되었고, 그중 많은 것이 알려졌다. 그러나 "생물학비용"이라고 하는 것과 금융비용의 관계는 고려되지 않았고, 여전히 더 낮게 추산되고 있다. 생물학비용은 **궁극적으로 활력에 미치는 영향력**으로 번역될 수 있을 것이다. 문제를 진술하기 위해 용어를 만들어내야 한다는 사실은 아직 문제가 제대로 다루어지지 않았음을 충

---

16   외부로부터 차입한 자금에 대해 지급하는 이자 부담을 비용 개념으로 파악하여 "금융비용financial costs"이라 한다.

분히 증명해준다. 한 가지 이유는 시간이 없었다는 것이다. 그것은 광범위한 연구가 될 것이기 때문이다. 그러나 다행히도 통계적 연구만이 지혜에 도달할 수 있는 유일한 방법은 아니다.

속도에 대한 욕구

합리화는 궁극적으로는 주로 속도를 높이는 것을 의미한다. 그 목표는 주어진 시간에 같은 수의 노동력으로 더 많이 생산하는 것이다. 합리화를 추구할 때 우리는 생명이 리드미컬한 과정이라는 사실을 잊어버린다. "구체球體들의 음악"은 단지 시적인 문장이 아니다. 그것은 계절, 밀물과 썰물, 밤과 낮의 교체, 심장박동, 또는 생리학자들이 연구하는 미세한 진동과 같이 분명한 물리적 현상으로서뿐만 아니라 모든 생명체의 생명 과정과 그 결합에 반영되어 있다. 생명의 조화로운 리듬은 화폐라는 수학적 허구가 지배하는 삶의 방식이 필연적으로 수반하는 속도에 의해, 그리고 유례없이 빠른 속도 충동에 의해 교란된다. 이러한 지배의 실제를 의심하는 사람은 농부들에게 물어봐야 한다. 그들의 밭에 자라고 있는 잡초를 내버려두는 이유가 무엇인지, 정말로 농장을 위해 잡초를 내버려두는 것인지.

영국의 농장들이 진 부채는 막대한 한도에 다다랐지만 농장들의 고통은 쌓여가는 부채 때문만은 아니다. 예를 들어 오스트레일리아 농부들의 부채는 사적인 빚을 제외하고도 비축물, 농작물, 토지를 포함하는 전 재산의 총액을 초과한다. 그런데 이는 단지 환상일 뿐이고 의미가 없다. 그 재산은 현금화할 수 없기^{unrealizable} 때문이다. (우리가 "실현하다^{realize}"라는 말을 "돈으로 바꾸다" 또는 "팔다"의 의미로 사용한다는 것은 얼마나 놀라운 일인가? 우리는 그림자를 실체로 착각하고 있다.) 여기에는 또 다른 복잡성이 있다. 우리의 경제와 금융체계가 내적으로 불안정한 것은 사실이다. 수백 년 동안 농산물 가격은 걷잡을 수 없이 등락을 거듭했다. 오랫동안 폭락이 계속된 후 짧은 호황이 왔다. 이러한 불안정성의 메커니즘은 은행신용의(즉 차입비율과 차입량의) 순환과 가격이라는 두 인자가 상호작용하여 금융업자에게 신용이라고 알려진 심리적 요인으로 기능한다. 이 요인들은 **차입과다**[17]가 발생할 때

---

[17] 차입과다^{over-borrowing}란 기업, 농장 등의 자금 조달에서 차입금, 즉 부채 의존도가 일반적으로 생각하는 것보다 큰 것을 말한다.

까지, 다시 말해 신용 확장으로 은행의 지급준비금[18] 수요가 안전제한치를 초과할 위험이 있기 전까지 서로를 강화한다. 지급준비금은 관행적으로 차입금의 약 10퍼센트로 유지된다. 차입과다가 일어나면 은행은 대금을 회수하거나, 상환된 것보다 채권을 적게 발행해야 하기 때문에 신용을 위축시키고 가격을 낮추어야 한다. 결과적으로 신뢰를 통한 가격과 신용의 상호작용이 역방향으로 작용하게 되고, 이 세 가지 인자는 서로 충돌하여 붕괴한다.

또 한 가지의 다른 요인이 있는데 이것이 가장 중요하다. 차입량을 제한하는 은행의 지급준비금은 이전까지 은행의 금 보유량과 관련 있었다. 금 보유량은 세계 생산량과는 아무런 관련이 없으며, 특히 계절별로 변동하는 세계 수확량과도 관계가 없다. 세계 농업 생산물의 가치는 다른 모든 생산물의 가치를 훨씬 초과한다. 그러므로 거대한 세계 연간 수확량, 또는 그보다 훨씬 더 큰 몇 년간의 세계 수확량 총합은 많은 식량을 의미하지만 많은 돈을 의미하지는 않으며,

---

18   은행은 보유하고 있는 예금의 지불에 대비하여 자체 보유 현금 또는 타 은행(주로 중앙은행)에 요구불예금을 가지고 있지 않으면 안 되는데, 이것을 지급준비금cash reserve이라 한다.

오히려 농산물 가격이 하락함을 뜻한다. 그런데 세계 인구의 대부분은 여전히 논밭에서 일하고 있다. 이 사람들의 구매력은 세계 총 구매력의 70퍼센트에 달한다. 농산물 가격이 하락하면 세계 인구 70퍼센트의 구매력이 하락하고, 기업가들은 가장 큰 시장을 잃어버리게 된다. 공산품 가격은 하락하고 그와 함께 신용도 떨어진다. 불황의 조건이 완벽하게 갖추어졌으니 이제 실업이 만연하고 상품의 재고가 쌓이게 된다.

가격의 불안정성이 임계점을 넘어서면 농부는 경쟁에 대응할 어떠한 기회도 가질 수 없다. 농부의 주된 일은 토양의 비옥성을 꾸준히 구축하는 것인데, 이 임무는 농부에게 가격 상황의 변동을 받아들이도록 강요하는 끊임없는 정책 변화와 양립할 수 없다.

현재의 조건에서 이익을 취하는 유일한 길은 상황이 좋을 때 빠르게 이윤을 내는 것뿐이다. 몰상식하게 무원칙적으로 비옥성을 이용하고 소모함으로써 많은 이윤이 창출되었다. 그것은 농부들보다는 금융업자들에 의해, 값싼 식량이라는 명목으로 이루어졌다. 어디에 살든 간에 건전한 농부는 속도를 강요받는다. 시간이라는 요인은 점점 더 중요해지고 있다. 마치 부채가 쌓이는 속도를 따라잡기 위해 순간의 기회를 낚아채듯이, 생산단위당 간접비용을 최소화하기 위해 빠른 회전율을 구축해야 한다. 인류는 인간과 땅이 함께 소모되는, 속도에 대한 끊임없는 충동을 내려놓아야 한다. 세계 농업의 상태에 대해 지금까지 말한 것이 참이라면, 이것이 왜 중요한지를 길게 설명할 필요는 없을 것이다. 오늘날 흔히 그러한 것처럼 우리 잘못의 대가는 미래 세대가 치르게 되겠지만, 그들은 대가를 치를 수단을 갖지 못할 수도 있다. 잘 알려진 대로 돈은 사막에서 아무런 쓸모가 없다.

인구집중

세계를 고통받게 하는 기이한 불균형적 인구 분포의 기저에 있는 것도 같은 원인들이다. 모든 나라는 이익이 되는 값에 팔 수 없는 상품의 **과잉**과 임금을 줄 수 없는 실업자 문제를 겪은 바 있다.[19] 소위 미개발국이나 개발도상국도 예외가 아니다. 그들은 더 이상의 인구를 포용할 수 없다는 것을 매우 빨리 알아차렸다. 세계 인구의 큰 부분은 인구 밀집 국가

---

19 1929년 미국의 주가 폭락을 계기로 시작된 대공황을 말한다. 이 대규모 경제 위기는 영국을 포함해 1930년대 전 세계에 걸쳐 영향을 미쳤으며, 제2차세계대전이 발발하기 전까지 지속되었다

에 집중되어 있고, 각각의 나라 안에서는 점점 더 도시에 집중되고 있다. 이는 별개가 아닌 하나의 현상이다. 도시는 전원으로부터 생명을 빨아들이고 그 과정에서 돈 외에는 아무것도 얻지 못한다. 이와 유사하게, 인구 밀집국들은 그들의 식민지가 부분적으로 개발되기 전에 식민지로부터 생명을 빨아들인다. 예를 들어 뉴질랜드의 지역 면적이나 잠재력은 대영제국과 비슷하지만, 대영제국의 인구가 4,500만 명인데 비하여 뉴질랜드의 인구는 1,300만 명 정도이다. 그런데 비거주 지역, 또는 인구 희박 지역이 다수인 이 나라의 사람들은 런던의 주민들이 뉴질랜드에서 만족스러운 기회를 찾을 수 있는 것보다 더 자국의 개발에 참여할 가능성이 작다. 뉴질랜드가 영국보다 천연자원이 적고, 특히 석탄과 광물이 적기 때문에 많은 인구를 먹여 살리는 데 적합하지 않은 것은 사실이다. 그렇다고 해도 현재의 인구 불균형은 기이하며, 세계 곳곳에서 발견되는 인공적인 인구집중은 믿어지지 않을 정도이다. 세계의 많은 지역은 인구밀도가 낮으며, 살기에 적합한 많은 지역이 인구가 희박한 이유는 단지 이주민 유치에 비용을 들이지 않기 때문이다. 그것이 아무리 인류를 위한 공동선이라 할지라도 돈은 오지 않는다. 사람들은 선이 아니라 돈이 끌어당기는 방향으로 간다. 재화가 있는 곳, 재화가 가장 이롭게 창출될 수 있는 곳, 재화와 용역의 교환이 자연적으로 이루어질 때 가장 행복하게 살 수 있는 곳으로 가는 것이 아니라, 돈이 가는 곳으로 간다.

그러므로 식민지와 전원 지역에 수백만의 인구가 더 수용될 여지가 충분한데도 사실상 사람들은 모국의 인구 밀집 지역에 남아 있으며, 그럼으로써 농촌이 가진 비옥성과 그 땅의 사람들을 훔쳐 오는 셈이다. 이 도시인들이 가서 그 땅의 비옥성을 회복시킨다면 그들은 마음의 평화를 누릴 것이고 마을은 재생될 터인데 말이다.

영국 농업의 상태

이제 영국 땅이 어떻게 망쳐졌는지 면밀하게 상세히 들여다보자. 잘 경작된 땅을 본 적이 있고 분별력이 있는 사람이라면, 대부분의 영국 땅이 처한 안타까운 상황을 제대로 보기 위해 통계의 도움을 빌릴 필요는 없을 것이다.

일반적으로 받아들여지기를, 1914~1918년의 전쟁[20] 중에

---

20   제1차세계대전을 말한다.

소모된 지력은 회복되지 않았다. 하향적 경향은 그 이전부터 시작되었으나 전쟁 이후에는 더 빠르게 진행되었다. 본래적으로 덜 비옥했던 땅의 대부분은 거의 사라지거나 경작할 수 없게 되었다. 농촌 인구는 여전히 꾸준한 하락세를 보이고 있다. 이에 더하여 걱정스러운 것은 농지의 남자 일꾼들 중에서 25세에서 45세 사이의 인구가 불균형적으로 적다는 사실이다. 특히 북부와 서부의 광대한 농업 지역들은 인구가 이전의 3분의 1도 안 된다. 거기에는 한때 상당히 많은 저지대 경작지를 포함하는 복합농장이 융성했지만, 지금은 경작지는 없고 약간의 양 목축을 하고 있을 뿐이며, 양들은 병들어가고 있다. 전쟁 동안 200만 에이커의 땅이 다른 용도를 위해 농장에서 차출되었다. 조지 스테이플던^{George Stapledon} 경의 추산에 따르면 그 나머지의 43퍼센트는 "개탄스러운" 상태에 놓여 있으며, 기술적으로 봤을 때 쉽게 개량할 수 있음에도 그러하다.

지난 10년간 농업생산량이 약간 증가한 것은 사실이다. 이러한 증가는 거의 대부분이 최상의 땅 덕분이며, 이 땅들의 대부분은 생산성이 높다. 이러한 땅은 점점 더 집중적으로 이용되고 있다. 그러나 자연적 비옥성을 고려할 때 우리의 모든 땅이 이처럼 높은 생산성을 보여줄 것인지 묻는다면 세 가지 근거에서 그렇지 않다. 첫째, 생산량이 큰 폭으로 증가하면 모든 농산물 가격은 하락하고, 보편적으로 높은 수준을 유지하는 것이 불가능해진다. 놀라운 일이다! 지금도 여전히 우리는 가격 유지를 위해 식료품의 생산량을 제한할 수밖에 없음을 알고 있다. 두번째는, 그렇게 되면 식품 수입을 궁극적으로 감소해야 하기 때문이다. 이는 영국의 선주들과 외국 채권 보유자들에게는 불리하다. 그들은 부지불식간에 그들이 보유하고 있는 외국 채권의 이자 지급에 의존할 것이고, 주로 국내에 수입되는 식품에 지불되는 돈에 의존할 것이기 때문이다. 수출국 또는 채무국이 그 밖의 방법으로는 이자를 납부할 수 없다는 점은 이미 앞에서 설명했다. 모든 영국 땅이 최고의 생산력을 갖는 땅과 유사한 성과를 장기간에 걸쳐 보여줄 수 없다는 데 대한 세번째 근거는 조금 더 미묘한데, 이것이야말로 궁극적으로 훨씬 더 중요하다. 이는 금융상의 이유가 아니라 실질적인 이유로, 다음과 같이 설명된다.

영국의 고도로 농업화된 땅의 대부분이 보여주는 생산력은 가축에게 수입 사료를 먹이고 인공비료를 사용하는 데에 의존하고 있다. 인공비료의 대부분은 수입품이다. 세계의 인공비료 공급, 특히 인산염의 공급은 무한하지 않다. 그 대부분은 광물질로서 광산에서 채굴되고, 따라서 언젠가는 고갈될 것이다. 종종 수입 사료가 저렴한 까닭은 그것이 어딘가의 땅을 희생시켜서, 앞서 말한 바와 같이 소모적이고 궁극적으로 파괴적인 방법으로 키워졌기 때문이다. 이와 같은 방법으로 보장되고 유지되는 비옥성—정확히 말해 생산력—은 진정한 비옥함이 아니다. 이러한 비옥성은 자립적이지 못하며 명백히 말해 영속적이지 못하다. 그것은 다른 어딘가의 비옥성을 대가로 한, 수입된 비옥성이다. 그 비료나 사료가 만들어진 광산 또는 땅이 고갈되면 이 또한 끝나고 만다. 그러한 것들에 의존하는 농업은 생물학적으로 볼 때 다른 땅의 비용으로 유지되는 농업이라 할 수 있을 것이다. 이런 농업은 다른 땅이 버텨주는 한에서만 견딜 수 있을 뿐이다. 이런 종류의 농업을 실행하는 사람들이 많아질수록 종말은 빨리 다가올 것이다. 영국의 소위 "성공적"이라 하는 농업의 대다수가 대체로 이러한 종류의 것이다. 그러므로 이 방법의 적용 범위를 넓힌다면 우리에게는 아무런 이득도 없을 것이다.

소모적 농경의 국제 경쟁으로 인해, 영국에서 농업은 특수한 조건이 아니면 수익을 내지 못하는 상황이 되었다. 농업이 농경이라기보다는 비옥성을 담보로 한 거래일 때 수익은 적을 수밖에 없다. 보통의 조건에서는 토양 및 토양에 의존하는 모든 것의 일반적인 품질 저하를 초래했다. 영국의 농부들은 종종 효율적이지 못하다고 비난받는다. 설사 그들이 넓은 의미에서 정말로 효율적이지 못하다 할지라도, 그들에게는 그럴 수밖에 없는 충분한 이유가 있다. 그들이 기울인 최선의 노력은 끊임없이 좌절되어왔다. 이런 상황에서는 최대한 적은 비용으로 위험 요소를 최소한으로 줄이며 노력해온 이에게 작은 비난도 던져서는 안 된다. 그들에게는 안전 거래가 강제되었다. 이는 최소한의 노동력 고용과 낮은 기준의 농경을 의미한다. 그들은 농사보다 마케팅에 집중할 수밖에 없었고, 더러는 농부보다는 중개인이 되고자 하는 유혹에 넘어갔다.

이처럼 애석한 상황에 주목한 이들은 이미 매우 적었으나, 전쟁의 위협으로 인한 식량 공급을 걱정하지 않아도 되는 시기, 다른 문제들이 훨씬 더 중요하거나 이롭게 보이는 시기에는 그런 사람들조차도 전혀 없었다. 농업과 분리된 산업이 우리의 주된 관심사이고 산업화는 우리의 정신에 변화를 일으켰다. 오늘날의 지배적인 삶의 전망 속에서 농업은 무시된다. 산업은 거대한 규모로 조직될 수 있고 모든 권력과 특권과 정치적 영향력을 획득했다.

인구가 도시에 집중되면서 상업 유통의 지배력과 중요성은 불가피해졌다. 이에 따라 소비자가 지불하는 가격과 생산자가 받는 가격은 크게 차이나게 되었다. 유통업자는 거의 사업가와 같은 위치를 점하며, 원하지 않는다면 반드시 사업을 하지 않을 수도 있다. 농부가 이러한 유리한 위치에 서는 것은 드문 일이다. 자연은 가격 사정과 독립적으로 움직이므로 그는 얻을 수 있는 것을 취하고 그것을 위해 최선을 다해야 한다. 농부가 고용인에게 주는 임금이 비숙련 산업 노동자의 임금에 비교도 되지 않는다는 것은 놀라운 일이 아니다. 이에 대해 개탄하는 사람은 인도주의자뿐 아니라 누구보다도 농부 자신이다. 가장 유망한 일꾼들이 언제나 떠나버리기 때문이다. 예전에 농장 생활의 특징이었던 오래된 우정과 협동 작업은 사라진 지 오래이며, 작업의 질은 낮아졌다. 농업은 괄시받는 직업이 되고 있다. 부모들은 종종 딸들이 농사꾼으로 남고자 하는 젊은이와 결혼하는 것을 반대한다. 그러면 젊은이는 농장을 떠나는 것이다.

이 나라 활력의 근원은 무심히 생각하는 것보다 훨씬 더 심각하게 고갈된 상태이다. 전원 지역에서 아직 눈에 보이는 잔여 활력의 대부분은 실질적인 고유성을 갖지 못하고, 휴일을 보낼 장소와 여가를 원하는 부유층 덕택에 도시로부터 면면히 유입되는 돈의 흐름에 의존할 뿐이다. 점점 더 많은 농촌 주택은 부자들의 시골집으로 사들여지고 있다. 부자의 관점에서 보면 유일한 골칫거리는 농촌 주택에 딸린 땅을 적당한 가격으로 세놓기가 어렵다는 것뿐이다. 이에 대한 그의 대안은 그 땅을 가지고 직접 농장을 운영하고, 자신의 기질로 인한 손실을 감추거나 웃어넘기는 것뿐이다. 이러한 부자의 농장 운영은 무한히 계속되는 도시의 전원 흡수를 보여주는 한 가지 형태일 뿐이다. 또 다른 형태에는 투기꾼 건축업자가 개입되는데 통상 도시도 아니고 전원도 아닌 상태를 초래하며, 여기에는 권장할 만한 것이라곤 전혀 없다. 그런데 그의 성공은 고객들의 진심 어린 충동에 달려 있다. 그 충동이란 도시 생활에 대한 무의식적이지만 강한 반감이다. 불행히도 그것은 사려 깊지도 건설적이지도 않아서, 흉물스러운 비일관성, 콘크리트와 아스팔트와 석면으로 만들어진 새로운 종류의 사막을 낳을 뿐이다.

　이러한 과정을 거쳐 땅은, 그리고 땅이 상징하는 모든 것은, 점점 더 보통 사람들의 삶에서 분리되었고, 인간은 점점 더 불행해졌다. 현대의 금융이라는 기계가 제아무리 전능해 보여도 결국에는 자연이 승리할지 모른다. 그러나 그 승리가 오래도록 지연되고 과도한 비용을 요구한다면, 현세대와 다가올 미래의 차세대들에게는 빈약한 위안일 뿐이다. 그 비용은 예컨대 전쟁, 또는 악성 전염병에 의한 지구 생물 대다수의 절멸일지도 모른다. 이 두 가지 모두에 대해, 또는 그중 하나라도, 그런 일은 없을 것이라 장담할 수 있는 대담한 자가 누가 있겠는가?

제2장

건강의 기준

인간의 몸은 끊임없는 물질의 흐름이고, 농업은 그 흐름을 잇는 결정적인 연결고리이다. 이제 인간과 가축으로 눈을 돌려 상태를 점검해보자. 만약 그들 역시 병들었다면, 양쪽 병 사이의 관련성을 의심해보아야 할 것이다. 더군다나 인간과 가축의 병이 달리 설명되기 어렵다면 말이다. 그러나 인간과 동물을 고려할 때 우리는 어려움에 직면하게 된다. 질병이나 건강을 어떻게 정의할 것인가? 또는, 현재의 조건을 비교한다면 현재 또는 과거의, 현행적인 또는 가정적인 어떠한 상태와 비교해야 하는가? 과거의 건강 상태에 대한 과학적이라 할 수 있는 정밀한 기록은 남아 있지 않다. 생물학적 환경에 대한 정확한 기록이 함께 남아 있는 경우는 더욱 드물다. 일정 기간 동안의 건강 증진 및 악화를 평가하려면 축적된 인상에 의존할 수밖에 없다. 축적된 인상은 확신을 줄 수는 있지만 과학적 증거를 구성하지는 않는다.

그러나 중요한 행동을 결정하기 위해 모든 인상이 과학적으로 증명되기를 기다린다면, 실수는 피할 수 있겠지만 행동을 결정하는 일은 불가능할 것이다. 사실 대부분의 경우 정말로 중요한 결정은 인상이나 직감에 따라 취해져야 하며,

그러지 않으면 너무 늦을 것이다. 과학의 영역에서 정확한 측정은 절대적인 것이고, 그 목적은 그에 기초한 정확한 증거를 얻는 것이다.(그리고 이는 제한적일지라도 아주 좋은 목적이다.) 그러나 과학에서도 중요한 발전은 품위 있는 말로 천재성이라 불리는 직관에 의해 이루어졌고, 과학적 검증은 그 이후에 착수되었다. 다시 말해 참인 것으로 증명되어야 하는 가설을 입안하는 천재성은 다름 아닌 직관이다.

우리는 실제로 삶을 살아가야 하므로 가설들이 과학적으로 검증되기를 기다릴 여유가 별로 없다. 기다린다 하더라도 그 전에 죽고 만다. 완전한 검증은 불가능에 가깝기 때문이다. 새로운 사실들이 드러남에 따라 결론은 바뀌게 된다. 과학적 증거에 대한 요구가 사적인 목적에 의해, 더군다나 흔히 비과학적인 호불호에 의해, 종종 아이디어의 개발을 지연시키는 무기로 사용된다는 것은 유감스러운 일이다. 우리는 우리가 믿는 것에 따라 행동한다. 우리가 믿는 것이 바로 중요한 것이다. 증명은 믿음을 강화하거나 약화시킬 수 있지만, 불완전하거나 잘못된 증명은 그럴듯해 보일 뿐 우리를 잘못된 길로 이끌 수 있다. 많은 증명이 그러하다.

그러므로 건강의 악화 또는 개선에 대한 과학적 증거는

부족하지만 이 문제에 대해 상당히 신속하게 행동할 필요가 있다. 적어도 현대의 건강 현황 비교는 우리의 결론을 뒷받침해주기만 한다면 행동을 위한 자신감을 심어줄 수 있다. 그러한 비교는 지금까지와 마찬가지로 상당히 제한된 한도 내에서 이루어질 수 있으며, 꽤 높은 수준의 과학적 타당성을 가질 수 있다. 그런 종류의 몇 가지 최근 조사에 대해서는 차차 상술할 것이다.

건강 악화의 증거

영국이라는 나라에서 우리는 우리 건강에 대해 분명 걱정하고 있다. 이를 부인할 수는 없다. 이것이 신경증적인 염려일 뿐이라고 말한다면, 신경증은 비정상이며 따라서 건강하지 못한 상태라고 답해야 할 것이다. 우리는 공중보건 서비스에만 2억 7,500만 파운드를 지출하며, 그 방향으로 더 많은 지출에 대한 요구가 증가하고 있다. 이 금액은 국민 건강 캠페인이나 정신 취약자 돌봄에 들어가는 돈을 제외한 것이다. 또한 개인이 자기 자신 또는 피부양자의 건강을 위해 개인적으로 지출하는, 훨씬 더 많은 액수도 완전히 제외한 것이다. 이는 국민 1인당 연간 6파운드에 해당하며, 가구당 농업

생산량 총액을 초과한다. 존 오어[John Orr] 경, 맥고니글[McGonigle] 박사 등은 영양실조 유병률에 대한 조사를 실시했는데 그 결과는 놀랍다. 이 연구의 창시자로서의 모든 명예를 그들에게 돌리는바, 그들은 진단이 용이한 임상적 병증의 제한된 범주들을 나타내는 사례들만을 대상으로 삼았다. 특정 지역 인구의 4분의 1이 그러한 임상 증후를 보인다면, 얼마나 많은 이들이 "평균 이하"겠는가? 최근에 이루어진 또 다른 조사는 암시적인 결과를 보여준다. "특수 지역"이 아닌 일반적인 대도시에 사는 모든 연령대의 남녀 4,700명을 조사했는데—점검에 불과한 정도가 아니라 수개월의 연구 기간 동안 면밀히 관찰했는데—, 이 4,700명 중에서 "정상 이하 건강 상태"의 징후를 보이지 않은 사람은 고작 16명에 불과했다. 연구자는 그가 "저하증[hypotonia]"이라고 부르는 저활력 상태가 그처럼 빈번한 것은 평균 상태가 정상 상태로 받아들여지기 때문이라는 결론을 내린다. 평균은 언제나 어느 정도의 시간이 지나면 정상성으로 받아들여지는 경향이 있고, 진정한 정상성은 사라져 잊히고 만다. 이는 어떤 경우에는 크게 중요하지 않을 수도 있으나, 이 경우는 중대한, 그야말로 사활이 걸린 사안이다. 인간은 그의 정상 상태가 어떠해야 하는지를 잊어버린 듯하다.

정상 이하의 징후들이 널리 퍼져 있다는 것은 너무나 확실해서 단지 언급하는 것만으로는 부족하다. 치아 문제, 소화 문제, 배설 문제는 거의 보편적이다. 온갖 종류의 류머티즘 또한 감기나 인플루엔자 유형의 더 광범위한 질병들과 마찬가지로 널리 퍼져 있다. 한편으로는 기록이 시작된 이후 기대수명의 평균이 상승한 것도 사실이다. 우리는 병 치료를 통해 사람들의 수명을 연장하는 방법을 광범위하게 배웠다. 그러나 수명은 그 삶을 사는 사람에게나 그의 주변 사람들에게나 결코 삶의 가치를 가늠하는 유일한 기준이 아니다. 이미 능숙해진 고통의 연장일 뿐이다.

또한 흔히 이야기되는 유병률의 증가는 표면적일 뿐이며, 그것은 사실 진단법의 발전에서 기인한다는 것이 증명되었다. 진단법이 발전하면 우리가 아는 질병의 종류와 증세는 증가할 것으로 예상되는데, 실제로 전체 유병률의 증가 또는 감소와는 별도로 그러한 일이 일어났다. 그런데 왜 발전된 진단법은 질병의 전체 유병률이 증가한 것처럼 보이게 하려 할까? 여기에는 순전히 학술적인 관심에서 볼 때의 질병이 아닌, 삶의 질을 심각하게 위협하지는 않는 병들이 포함된다. 사람들이 자신의 건강 상태에 대해 갖는 의식은 진단법의 영향을 받지 않는다. 요즘 사람들은 자신이 건강하지 못하다는 의식을 가지고 있는 듯하고, 따라서 의사의 진단을 요구하는 빈도는 매우 높다.

이는 꽤 많은 의사들의 의견이기도 한 것으로 보인다. 체스터 지역의료자문위원회에서 1939년에 발간한 주목할 만한 『의학성전Medical Testament』에서는 다음과 같이 말했다.

치사율의 하락은 발병률 증가에 비추어볼 때 더욱 놀랍다. 매년 의사들이 환자를 보는 빈도수는 증가하고 있으며, 사회복지 기금에 대한 요구도 증가하고 있다.

이 문헌에서는 또한, 예전에 자주 말해졌던 것처럼 우리를 건강 열등 국가라고 말하고 있다. 그것은 사실이며, 우리는 징병 신체검사에서 드러난 것을 통해서가 아니더라도 이를 알고 있다.

누군가는 당국이 우리 민병대의 상태에 만족한다고 말할 것이다. 그러한 만족에는 세 가지 이유가 있는데, 만족한다는 말의 뜻을 알고자 한다면 그중에서 어느 것이 실질적인 이유인지를 분명하게 아는 것이 매우 중요하다. 당국이 만족하는 이유는 민병대의 건강이 예상했던 것보다 정말로 더 좋아서일 수도 있지만, 정상성으로 채택된 기준이 최악으로 낮기 때문일 수도 있다. 또는, 외국인들에게 적절한 인상을 주기 위해서는 만족스럽다고 말하는 것이 더 낫다는 권고를 들었기 때문일 수도 있다. 뒤의 두 가지 이유가 높은 비중으로 그럴듯해 보이며, 국민들의 신체가 급작스레 향상되었을 리 없다는 것도 거의 확실하다. 국민건강캠페인의 결과 꾸준한 개선이 있어온 것처럼 보이지만, 그것은 표면적인 것일 뿐이다. 운동을 하고자 하는 욕구는 건강함의 결과로 나타나는 것이지, 건강하지 못한 상태를 의식한 결과일 수 없다. 국민건강캠페인이 가진 가장 큰 유용성은, 우리가 건강하지 못하게 된 까닭은 모르더라도 우리가 건강하지 못하다는 것을 알고 있음을 보여준다는 데 있을 것이다.

재계에서 적어도 하나의 집단은 우리가 건강하지 못하다는 것을 잘 알고 있다. 바로 광고업자들이다. 광고는 사람들의 관심을 반영할 때 이득이 된다. 그러므로 건강, 맛, 자극, (정신 자극과 안정을 포함하여) 진정을 근거로 추천되는 가공식품과 특허 의약품과 온갖 종류의 치료법에 할당되는 지면의 비율이 얼마나 큰지 생각해보라. 여기에 화장품이 추가될 텐데, 그 주된 목적은 보통의 여성이 지녀야 할 건강한 혈색을 그럴싸하게 모방하는 것이다. 교묘한 방식으로 끈질기게 우리의 주의를 사로잡는 광고업자들의 문구 앞에서는, 사람들이 몸의 불편함을 잘 의식하지 못한다는 주장을 계속하기 어렵다. 그들의 성공은 바로 그러한 의식 여부에 달려 있으니까 말이다.

그러나 정말로 충격적인 사실은, 최근에 의학에서 매우 큰 발전이 있었고 이러한 발전에 힘입어 공중보건의 이름으로 많은 비용을 들여 조직화가 진행되었음에도, 우리가 확실히 건강에 대해 염려하기는 하지만 동시에 썩 좋지 않은(평가하기 나름이라는 것은 인정하지만) 건강 때문에 고통받고 있다는 사실이다. 아직 전혀 알려지지 않은 것들을 포함하여 질병에 관한 무수히 많은 새로운 발견이 임상에 적용되고 있다는 점을 생각한다면, 우리가 그 어느 때보다도 질병에서 자유로운 세대가 되지 못하고 있는 까닭은 무엇인가? 우리는 점점 더 많은 예방책과 개선책을 요구하지만, 이러한 요구가 바로 뭔가가 잘못되고 있음을 가리킨다는 것은 보지 못하고 있다.

위생과 예방

병 치료 중심의 의학 연구는 인류의 기본 요구를 고려하는 데 실패한 것이 아닐까? 다시 말해 나무를 보고 숲을 보지 못하는, 사태의 부분만을 보고 전체를 보지 못하는 것이 아닐까?

이것이 사실이라면, 대부분의 현대적 치료 기관과 공중보건 기관은 건전하지 못한 뼈대를 수습하는 데에, 문제의 뿌리를 건드리지 못하는 임시방편에, 2~3급의 생명을 인공적으로 연장하는 데에 열중하고 있다고 해야 할 것이다. 임시방편은 유지를 위해서는 필요할 수도 있지만, 더 근본적인 것을 위한 보완책으로서가 아니라 궁극적으로 추구된다면 소용없는 일이다.

의학의 초점은 치료에서 예방으로, 처치에서 위생으로 옮겨가고 있는 것이 사실이다. 그것은 어쩌면 올바른 방향으로 가는 한 단계일지도 모른다. 그러나 예방 그 자체는 부정적인 것이다. 그것은 어떤 건설적이고 긍정적인 관념을 표상하지 못한다. 그것은 방패일 수는 있지만 결코 창일 수는 없다. 위생은 결코 내적인 건강을 대체할 수 없다. 내적인 건강은 더러움이나 세균을 조심하는 것과는 거리가 멀다. 우리는 이미 이런 종류의 건강을 잃어버린 듯하다. 건강은 특별한 질병이 없는 상태 이상의 것이다. 그러한 상태는 건강의 징후일 뿐이다. 그런데 우리에겐 아직 건강에 대한 과학이 없고 병에 대한 과학만 있다. 의사들은 건강을 연구하지 않고 병을 연구한다. 그들은 책에 등장하는 폐렴의 멋진 사례, 종양의 훌륭한 사례를 가지고 질병에 대해 말할 수 있다. 이런 방식으로 점철된 실습 과정을 거치고 나면 다른 관점을 취하기가 매우 어려워진다. 그들의 고객과 마찬가지로 그들도 질병 제거의 결과인 모방된 건강만을 추구한다. 그러나 병은 히드라와 같아서, 머리 하나를 잘라내면 여러 개가 돋아난다.

의사들

이러한 이야기는 전문직 중에서도 가장 지적인 자질과 기술로써 인류의 복지에 헌신할 것이 요구되는 의사들을 지나치게 비판하는 것으로 보일 수 있다. 의사의 자질과 임무에 대한 요구는 언제까지나 변치 않을 것이고, 질병과 고통은 결코 사라지지 않을 것이다. 그러나 그러한 자질과 임무가 "더 나은 것"의 결여를 위해 낭비된다면 그보다 큰 비극은 없을 것이다. "더 나은 것"이란 더 어렵거나 더 정확한 어떤 것이 아니라 다른 종류의 것이다. 이 "더 나은"이 그들을 "질병 지향적 관점"에서 해방시킬 수만 있다면 그들은 그들이 가진 위대한 지식, 경험, 그리고 인류에게 도움이 될 수 있는 아이디어라면 독점을 허용하지 않는 훌륭한 직업적 전통 덕분에 유일무이한 위치에서 길을 개척할 수 있다.

동식물

동식물의 저활력 상태는 인간의 경우보다 기록이 불충분하기 때문에 증명이 더 어렵지만 두드러지게 나타나고 있다. 1937년에 1년간 가축의 질병으로 지출된 비용은 농부들이 축산업으로 얻은 투자총수익의 10퍼센트에 달한다. 고생산용으로 사육되는 가축군, 특히 가금류와 유용우의 경우 질병 부담률은 그 자체로 증가세를 보이고 있다. 가금류의 산란 시험 사망률은, 최고의 관리와 기술을 투여했음에도, 1929년에 6~10퍼센트였다가 1934년에 10~12퍼센트로 증가했다. 유용우의 유선염, 결핵, 사육의 난점으로 인해 낙농업은 전에 없이 힘든 사업이 되고 있다. 그런데 가축이 지금처럼 "과학적으로" 관리된 적은 없었다. 우리는 매년 결핵과 구제역으로 수천 마리의 가축을 도살하는데, 우리 조상들은 가축의 결핵으로 괴롭힘을 당하지는 않았던 것 같다. 생존하는 이들의 기억에 따르면 과거에 구제역은 대부분의 농장 가축들에게 작은 사건일 뿐이었고, 시장 조건을 유리하게 만들었기 때문에 종종 농부들에게 환영받기까지 했다. 잉글랜드 북부의 목축 지역에서 양의 질병 중 어떤 것들은, 별로 수지가 안 맞는 이 사업을 몹시 위태롭게 하지는 않는다 하더라도, 여러 세대에 걸쳐 꾸준히 나타나는 병으로 고착되기 시작했다. 이런 종류의 사례를 무한히 열거할 수 있다.

작물의 경우에도 사태는 비슷하다. 이전에는 들어본 적도 없었던 모든 종류의 예방 조치가 이제는 필수가 되었다. 과실, 홉, 감자에 수차례 농약을 살포하기 위해 엄청난 비용이 지출되지만, 그럼에도 이 작물들이 병으로 궤멸하거나 망쳐지는 일은 드물지 않게 일어난다. 그런 작업은 이전 세대에는 거의 알려지지 않았을 뿐 아니라 불필요하게 보였던 일이다. 우리 조상들이 종종 집약적 경작을 했다는 것은 확실하다. 또 한 가지 확실한 점은, 집약적 경작을 하면서도 특별한 조치 없이 병 문제로 골치가 썩지 않는 이들이 여전히 존재한다는 사실이다. 그들은 인공비료를 사용하지 않으며 토양 비옥도의 상실을 겪지 않는다.

건강과 농업

우리 자신을 위해 점점 더 많은 치료와 위생을 요구하는 것처럼, 우리는 가축과 작물에 대해서도 똑같은 것을 요구한다. 지난 수십 년 동안 동식물의 병에 대한 지식의 발전은 의학과 위생의 발전에 필적한다. 양쪽의 실정은 모든 관점에서 완전히 유사하다. 모든 측면에서 보건대 하나의 결정적인 현상이 두 가지 양상으로 나타나는 것은 아닐까? 반복하건대, 건강은 질병의 부재 이상의 것이다. 병 없는 상태는 단지 건강의 징후일 뿐이며, 심지어 가장 중요한 징후라 할 수도 없다. 건강은 내적, 외적 균형, 통일성, 전체성의 상태이며 힘의 상태이다. 그것은 육체적이거나 정신적이거나 영적인 어떤 것이 아니라 이 세 가지 측면 모두를 포함하며 그렇지 못할 때에는 온전하지 않다. 우리에게는 건강의 기준이 결핍되어 있다. 그 기준이 무엇이든 간에 그것은 정확한 수치로 표현될 수 있는 것은 아니다. 그것은 분명히 육체적인 충만함만은 아니다. 건강의 최고 지표는 아마도 최고의 능력 발휘를 가능케 하는 자기 명령을 동반한 삶에 대한 깊은 만족감일 것이다.

인간의 건강과 인간이 경작하는 땅의 건강은 서로 철저

히 분리해서 따로 고려할 수 있는 두 개의 구분된 문제가 아니다. 농업은 인간 생물학의 외적 메커니즘이며, 인간의 육체적 삶의 조건이자 건강의 조건인 영양과정의 본질적 부분이다. 그러므로, 농업이 건전하지 못한데 인간의 육체적 삶이 완전무결하게 조정된다면 이상한 일일 것이다. 인간의 육체적 삶이 조정되지 못하면—다시 말해 통제 불능이 되면—그의 삶의 다른 측면들은 잘못될 수밖에 없다. 인간이 빵만으로 살 수 없는 것이 사실이라면, 그가 빵 없이는 살 수 없다는 것도 사실이다. 그리고 그의 빵에 결함이 있다면 그가 잘 살 것이라고 기대할 수 없다. 그의 삶은 다른 많은 생명체의 삶에 연동되어 있으므로, 그가 잘 살지 못하면 그와 밀접한 관계를 맺고 있는 생명체들도 잘 살 수 없다. 인간의 영양과정이 잘못되면 다른 생물들의 영양과정도 잘못될 것이고, 그 역도 사실이다. 건강은 영양에 달려 있지만, 순환적 과정인 영양도 건강에 달려 있다. 어떤 생물이 모든 영양적 필요를 그 고유의 형태에서 공급받고 있다고 가정하고, 어떤 불특정한 이유에서 그 생물의 동화력이 약화되었다고 가정하면, 이 생물이 그 동료 생물들에게 공급하는 모든 것도 또한 잘못되고, 그 생물들의 영양과정에도 문제가 생긴다. 이와 같이 모든 생물의 영양적 상호의존성은 끊임없는 동적 순환의 흐름을 이루고 있으며, 여기서 심각한 오류가 발생하면 악순환이 정착될 것이고, 그 병적 결과는 모든 생물에게 미칠 것이다. 최초의 오류가 악화되면 많은 유기체는 이러한 상황에서 벗어나 필요한 것을 얻고자 노력하는 가운데 전체 체계에 공헌하기보다는 그것을 파괴하는 삶의 방식을, 다시 말해 공생보다는 약탈의 방식을 채택할 수밖에 없게 된다. 전체 체계의 파괴는 결국 그들 자신의 파괴로 이어질 수밖에 없다는 사실은 그 순간에는 지각되지 않을지도 모른다. 또는 지각된다 하더라도 그 순간에 필요한 것으로 여겨지는 것보다 강한 인상을 주지 못해서, 더 합리적인 행위를 이끌어 내기에 충분치 않을 것이다. 바로 이런 종류의 일이 우리에게 일어난 것 같다.

우리는 동료 생물들과 공생적 관계가 아닌 약탈적 관계를 맺게 되었다. 동료 생물 중 몇몇은 흙 속에 살며 아주 작다. 우리가 해온 일은 그것들에게 가혹하기 짝이 없었다. 적어도 비옥성의 상실과 침식은 그들에 대한 우리의 가학행위를 보여주는 명백한 증거이다. 우리의 생명에 미치는 이 유기체의 영향은 비할 바 없이 크며, 따라서 이들이 고통받으면 우리도 고통받을 수밖에 없다. 바로 이것이 현재 일어나고 있는 일인 듯하다. 이러한 견해가 그럴듯한 가설 이상의 힘을 가지려면 다른 삶의 방식을 가진 민족들과 우리를 비교해야 하는데, 다행히도 그러한 비교는 가능하다.

건강에 대한 비교 연구

세상에는 여전히 완전에 가까운 인간의 건강 상태를 발견할 수 있는 곳이 있다. 그리고 거기에는 참된 의미에서 공생적인 삶의 사례들이 있다. 이 사례들은 연구 가치가 있음에도 충분한 연구가 이루어지지 않았다. 집중적인 연구가 당장 착수되지 않는다면 이 사람들이 처한 환경의 변화로 인해 조사는 점점 더 어려워지고 그 소득은 적어질 위험이 있다. 조사의 중요성을 인지한 극소수의 선구자들 중 특히 육군 소장 로버트 매캐리슨Robert McCarrison 경은 주목할 만하다. 인도 북서부 훈자Hunza[1] 사람들에 관한 그의 연구는 가이 렌치Guy Theodore Wrench 박사가 그의 저서 『건강의 순환The Wheel of Health』에서 생생하게 이야기했다.[2]

---

1   인도 반도 북서부 잠무 카슈미르에 있는 지역이다.

매캐리슨 경이 행한 연구의 흥미진진한 세부 내용을 접하기 위해, 그리고 그 의의를 충분히 평가하기 위해, 독자들—특히 비전문가 독자들—은 렌치 박사의 책을 참조해야 할 것이다. 여기서는 몇 가지 요점을 열거하는 것으로 충분하다. 훈자 사람들이 굉장한 건강과 활력을 누리고 있었으며 공격적이지 않았다는 것, 그들의 농업은 자급자족적이었으며 낭비 없는 관리를 실현한 사례였다는 것, 그리고 그들의 작물은 그들만큼이나 건강했다는 것.

우리는 공생적 삶의 예로서 적어도 셋 이상의 사례를 더 들 수 있다. 트리스탄다쿠냐 제도[3] 주민들의 완벽한 치아 상태는 주목할 만하다. 유럽인인 이 섬 주민들은 인구가 적고 3년간 외부 세계와 거의 교류가 없었다. 섬은 기후가 좋지 못하기 때문에 그들은 낭비 없는 자급자족적 농업을 해야 한

---

2   영양학자인 로버트 매캐리슨은 최초의 결핍 식이 실험을 통해 영양이 질병 역학에 미치는 영향을 연구하여 크게 주목받았다. 이후 그가 인도에서 연구한 인도 지역민들의 영양에 대한 연구는 영국의 농학자이자 영양학자인 렌치의 책 『건강의 순환』(1938)을 통해 로드 노스본에게 알려졌다. 부록을 참조할 것.

3   남대서양, 아프리카 남서단의 희망봉 서쪽에 위치한 영국령의 화산군도이다.

다. 그들의 일반적인 건강 상태는 매우 좋은 것으로 보인다.

에스키모들 중 어떤 부족들은 특히 질병에서 자유로우며 활기 있고 자족적인 것으로(혹은 그러했던 것으로) 밝혀졌다. 이 부족들은 우리가 문명이라 부르는 것과 접촉이 없었고, 그들의 삶은 문명의 기준으로 보자면 거칠고 제한이 많고 비위생적이었다. 그들의 음식은 단조로웠고 대부분 동물성이었는데 특히 동절기에 그러했다.

또한 중국에서 농업이 발달한 지역에 사는 농부들이 있다. 그들은 훌륭한 신체와 왕성한 활기를 가진 인류의 훌륭한 표본이다. 그들과 그들의 나라는 앞서 언급한 킹 교수의 훌륭한 저서 『4,000년의 농부들』에 묘사되어 있다. 농학도 또는 사회과학도라면 몰라서는 안 되는 책이다.

이 사람들은 각기 완전한 상태에 있으며, 그러한 민족들은 분명히 더 존재한다. 그들은 인류가 가질 수 있는 최고의 잠재력을 타고난 것은 아닐지도 모르지만 그것은 기준의 문제이고 우리의 논의를 벗어난다. 그들에게 주어진 잠재력의 범위 내에서 그들이 환경과의 균형과 조화의 상태에 도달했다는 것은 분명하다. 또한 인간 관계에서의 균형과 조화, 신체 발달과 지구력, 질병으로부터의 해방, 고유한 문명을 이

룩했다는 것도 분명하다. 이는 다른 삶의 법칙을 지닌 민족들이 결코 도달하지 못한 것이며, 예를 들어 우리 영국인들이 처해 있는 상황과 극도의 대비를 이룬다. 우리는 우리의 잠재력이 그들보다 높다고 득의만만하지만, 평화가 쇠퇴하고 전쟁으로 멸망한다면 그것은 빈곤한 위로일 뿐이다.

이 사람들의 삶에서 공통된 규칙은 무엇일까? 그들의 다종다양한 생활에서 구분되는 다른 공통 요인은 없으므로, 그것은 영양 규칙인 듯하다. 그리고 그것은 통상적인 의미에서의 식사 규칙은 아니다. 그들은 태양 아래 거의 모든 것을 먹으며, 익힌 것과 날것을 다양한 비율로 먹는다. 에스키모들은 주로 육식을 하고, 다른 세 민족은 다양하게 구성된 혼합식을 한다. 그러나 주식은 식물성이다. 어떤 종류의 음식을 먹느냐 하는 것은 이들 네 민족에 공통된 요인이 없기 때문에, 음식에 대한 어떤 종류의 호기심도 그들의 식사와 건강에 대한 비교 연구에 도움이 될 수 없다. 그러나 다른 종류의 두 가지 공통점이 있다.

첫째, 그들의 식량은 재배되지 않은 자연적인 것이거나, 또는 다음과 같이 도식화될 수 있는 영양의 순환주기를 완전히 보존할 수 있도록 재배된 것이다.

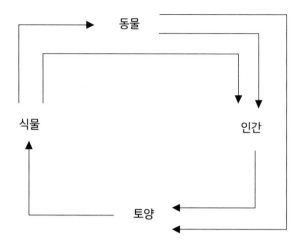

여기서는 **되돌려주기의 규칙**이 충실하게 관찰되며, 모든 유효한 유기물 성분은 흙으로 되돌아간다. 되돌려주기의 방법은 세대에서 세대로 전수된 세심한 관리법으로, 유기물을 토양 유기체가 흡수한 형태로 가져와서 결국 식물에게 다시 양보하도록 고안된 방법이다.

그 민족들의 영양 섭취에서 나타나는 또 다른 공통점은, 그들이 동식물을 식량으로 취할 때 되도록 전체를 다 먹으려 한다는 것이다. 사실 그들은 우리가 버리는 부분들, 특히 동물의 내장과 껍질, 식물의 씨앗을 선호한다.

이 두 가지 법칙, 즉 되돌려주기의 규칙과 온전체의 규칙 중 하나 또는 모두가 깨어지면 악순환이 자리잡는다. 예를 들어 치아가 약해지고, 그러면 껍질이나 뼈를 먹는 것이 어려워지며, 치아는 더욱 약해지고 그렇게 계속된다. 이 두 규칙은 실질적으로는 동일한 규칙이다. 온전체의 규칙은 토양에서 동물이나 인간으로 가는 순환주기 위쪽 절반에서 낭비가 없다는 것을 의미한다. 되돌려주기의 규칙은 모든 것이 흙으로 돌아가는 아래쪽 순환주기 절반에서의 전체성을 의미한다. 순환적 흐름은 양적으로나 질적으로 모두 균형이 잡혀야 한다.

이 모든 것은 충분히 이치에 맞으며 상식에도 부합한다. 그것은 우리의 신체적, 경제적 상태에 대해 우리가 알고 있는 것과 완전히 대조적이지만 실험적 증거는 아니다. 그러나 이 네 민족과 우리 조건의 비교 연구를 정당화해주기에 충분한 실험적 증거가 있다.

동물실험

로버트 매캐리슨 경은 그의 실험에서 쥐를 이용했다. 일부 쥐에게는 훈자 사람들 및 건강 상태가 좋은 여타 민족들의 식사가 먹이로 주어졌다. 그저 같은 종류의 음식이 아니라 실제 훈자 사람들의 음식이었다. 이 쥐들은 강성했고 거의 병이 없었다. 동시에 완전히 똑같은 조건에서 다른 쥐들에게는 가난한 벵골인[4]의 평균적 식사가 주어졌다. 이 쥐들은 금세 병에 걸렸다. 어떤 특별한 병이 아니라 수없이 많은 병이 모든 기관에 나타났다. 또 다른 쥐들에게는 영국 빈민층의 식사(흰빵, 마가린, 설탕 넣은 차, 삶은 채소, 통조림 고기, 잼)가 주어졌다. 그들은 잘 자라지 못했다. 그들은 신경쇠약에 걸렸고 사육자를 물었으며, 많은 병에 걸렸고, 무기력, 털 빠짐, 흥분, 치아 문제, 비뚤어진 척추 등의 문제를 보였다. 그들은 끔찍할 정도로 우리와 유사하게 되었다. 진정한 의미에서 잘 길러진 쥐들은 미로에서 잘 빠져나갔지만, 나쁜 음식을 먹는 쥐들은 절망하여 포기했고, 굶어 죽을 때까지 무기력했다. 이러한 결과는 우리에게 중요하지 않을지도 모른다. 우리는 쥐가 아니다. 쥐들에게 준 음식을 먹는 사람들이 쥐들에게 나타난 바로 이와 같은 문제를 겪고 있지 않다면 이러한 실험 결과는 시사하는 바가 적겠지만 말이다. 결론적으로 쥐

---

4   인도 서벵골주와 방글라데시의 주민을 말한다.

들과 우리의 주된 차이는, 우리가 건강하지 못한 삶을 버텨
내는 데 더 큰 힘을 가지고 있는 것 같다는 점이다.

현존하는 민족들의 건강과 음식에 대한 또 다른 (그리고 드
문) 조사는 특히 『건강의 순환』의 권말, 참고문헌 목록에 수
록되어 있다. 이에 대해서는, 영양 섭취는 생물과 환경 사이
의 균형 상태를 수반한다고 말하는 것으로 충분하다. 고등
동물은 지배적일 뿐 아니라 하등동물(바이러스부터 박테리아
까지)에게서 공격을 받아도 큰 영향을 받지 않는다. 그러나
고등동물은 과도한 수적 증가를 유지하려는 특별한 노력 없
이 종간 균형에 이른다. 반면에 잘못된 영양 섭취는 질병, 저
활력, 환경과의 균형 상실을 유발한다. 이는 숫자의 (종종 매
우 불편한) 급격한 증가로 나타날 수 있으며, 나중에는 쇠퇴
를 수반하는 빠른 감소로 이어진다.

온전체 식사

이런 문맥에서 **식사**^{diet}라는 단어는 오해를 일으킬 수 있
다. 이 용어는 특정한 음식이 다른 것들보다 우선하여 선택
되어야 한다는 것을, 그리고 주요한 문제는 올바른 선택이라
는 것을 전제한다. 영양에 대한 모든 이야기가 이러한 가정

하에 진행되고 있다. 이러한 이야기는 오늘날 매우 널리 퍼져 있다. 그러나 현생 민족들에 관한 비교 연구 및 앞서 언급한 실험으로부터 도출되는 원리는 이를 훨씬 넘어선다. 그것은 **온전체 식사**^{whole diet}의 원리라고 요약될 수 있다. 그 본질은, 식사의 구성요소가 무엇이든 간에 **전체**여야 한다는 것이다. 완전할 뿐 아니라 그 자체로 온전히 건강하다는 의미에서의 전체 말이다. 온전히 건강하다는 것은 그것들이 어떻게 키워졌는지, 그리고 그것들이 어떻게 우리에게 의존해서 키워졌는지에 달려 있다. 흙도 인간이나 동물이 그러해야하듯이 **온전체 식사**를 해야 한다.

오늘날 우리 대부분이 먹는 전형적인 음식은 흰빵이다. 흰빵은 우리 식단의 기초를 구성한다. 음식에 대해 일반적으로 말해진 것들에 비추어 흰빵 한 덩어리를 고려해보는 것은 흥미로운 일이다. 밀은 외국에서, 아마도 밀 재배의 지속적 체계 안에서 재배되었을 것이다. 비옥성이 어느 정도 고갈된 땅에서였을 가능성이 크다. 그다음에는 화학 방충제로 처리되어 일정 기간 동안 저장된 다음 롤러 제분기에 투입된다. 이 제분기는 비타민 B와 기타 대부분의 미네랄을 함유한 껍질(겨, 무거리 등)과, 비타민 A와 여타 비타민들과 밀의

생명인 유분을 함유한 배아를 분리하도록 정교하게 고안된 장치이다. 껍질과 배아는 사료용으로 대량으로 판매된다. 남는 것의 거의 대부분은 밀가루인데, 한층 더 인공적으로 표백된다. 따라서 밀이 건강하게 재배되었다 하더라도 생명을 주는 이른바 보호 성분의 대부분은 제거되고, 훨씬 더 중요한 것—생명 단위로서의 밀알의 완전성 또는 전체성, 또는 구조—은 파괴된다. 흰빵은 단지 포만감을 줄 뿐이며, 거의 영양분이 없다고 해도 과언이 아닐 것이다. 에너지를 제공해주는 빵이라는 주제에 대해 더 이상의 주석을 다는 것은 불필요하다. 갈색빵은 종류가 매우 다양하다. 갈색빵에는 일정 비율의 겨만 포함되어 있거나 겨와 배아가 모두 함유되어 있다. 그런데 후자의 경우에 배아는 밀가루에 첨가되기 전에 보통 보존을 위해 가열된다. 따라서 빵을 구우면 그것은 두 번 가열되는 셈이다. 이러한 이중 가열이 영양가, 특히 단백질과 비타민에 매우 해로운 결과를 가져온다는 것은 잘 알려져 있다. 갈색빵은 통밀로 만들고, 분쇄 외에는 다른 처리를 하지 않는다. 표준가는 흰빵에만 적용된다.

식품의 품질과 가격

음식에서 정말로 문제 되는 것들, 음식을 생명의 매개체로서 유효하게 만드는 것들, 그리고 완전한 의미에서 그것의 품질을 구성하는 것은 거의 고려되지 않는다. 과학자들이 영양에 대해 토론할 때든 주부가 식품을 구입할 때든 마찬가지이다. 주부는 올바른 방향으로 이끌어줄 안내자가 없어 잘못된 방향으로 가기 일쑤이다. 식품을 최저가로 구입해야 하는 경우가 아닐 때조차도 말이다. 여하튼, 구매 가능해야 할 식품은 사실상 보통 사람들이 터무니없는 가격으로도 살 수 없는 것이 현실이다. 우리는 어느 정도는 품질에 따라 가격을 받아들이는 습관이 들었다. 그러나 농부가 받는 가격 또는 소비자가 지불하는 가격은 오늘날 보통 참된 의미에서 품질과 관계없는 요인들의 결과이다. 그 요인들이란 표준화 적용 가능성, 통조림 제조, 보관, 장거리 운반의 용이성, 그리고 마케팅 또는 제조의 용이성이다. 참된 의미에서의 품질은 소비자의 관점에서 볼 때의 탁월함, 다시 말해 건강과 쾌락, 또는 그 둘 다에 미치는 효과에만 관련된다.

품질의 가장 중요한 요인들 중 하나는 아마도 곡물과 저장 식품의 어떤 제한된 품목을 제외하고는 섭취시에 완전히 신선한가 여부이다. 식품의 가격은 식비 비율을 결정하는 다른 많은 기준과 함께, 신선도라는 결정적[vital](참된 의미에서 살아 있는) 요인과는 별 관련이 없다. 반대로 진짜 신선함을 대체하는 겉보기만의 신선함을 위해 사람들은 독창적인 재능을 쏟아부어 많은 것을 고안해내고 있다. 그런 방법에는 화학적·물리적 보존법, 미각과 후각을 자극하기 위해 고안된 색소 또는 염료의 첨가가 포함된다. 우리 자신의 건강을 모방하려 하는 것처럼, 가축, 작물, 식품에게도 우리는 건강을 모방시키려 한다. 우리의 식품 대부분은 사실 병든 방식으로 재배되고 신선하지 못하며 건강하지 못해서 본연의 특성과 우리에게 활기를 주는 맛을 잃어버렸다. 이러한 상태는 요리 기술이 발달한들 결코 보완될 수 없으며, 병이나 캔에 든 미각 자극 보충제에 의해서는 더더군다나 보충될 수 없다. 그런 것들은 진짜 자양분의 상실은 물론이고 음식 본연이 가진 진짜 맛의 상실을 보상해줄 수 없다.

음식의 역사는 농업의 역사이며, 농업의 역사는 문명의 역사이다. 우리는 종종 서구 문명에 쇠퇴의 증상이 보인다고 말하는 것을 듣는다. 오늘날 명백히 이전 문명의 쇠퇴기에 나타난 많은 징후가 나타난다고 생각할 만한 강력한 이유들이 있다. 도시화와 상업화는 농업의 쇠락 및 식품의 수입을 수반한다. 부유층의 성장, 치아 문제나 유골에서 쉽게 진단되는 류머티즘과 같은 문명병의 출현도 그러한 징후 중 하나이다. 이집트와 로마는 그런 점에서 분명한 사례들이다. "**대농장은 이탈리아를 파괴했다**_Latifundia perdidere Italiam_"[5]는 말은 동시대인의 의미심장한 논평이었다.

문명은 땅에서 나오는 듯하다. 마침내 부는 증가하고, 참된 생물학 법칙에 상충되는 돈에 기초한 삶의 방식을 채택하려는 유혹이 증가한다. 그러면 땅의 고갈과 농업 인구의 감소가 잇따른다. 땅과 농업 인구는 나라의 활력을 떠받치고 유지하는 것들이다. 우리는 국가 활력의 원천으로서 강력한 농촌 인구의 중요성을 희미하게나마 인식한다. 그러나 우리는 정확히 왜 그러해야 하는지는 보지 못하는 듯하다. 그러다 보니 나라의 생명을 복원하려는 노력은 미약하며 잘못된 방향으로 가고 있다.

농촌 인구는 농촌에 실제로 사는 사람들이 돈의 매개 없

---

5   이 문장은 플리니우스_Gaius Plinius Secundus_(AD 23/24~79)의 『박물지_Naturalis Historia_』에서 인용한 것이다.

이 농업으로 생계를 유지할 때에만 융성할 수 있다. 현대의 자작농과 그들의 고용인들은 상호 간에, 그리고 땅과의 관계에서 주로 재무적 관계를 맺고 있다. 그들 대부분은 도시 거래인을 통해 식품을 구매하고, 이는 그들의 가축과 작물을 위한 식량에도 해당된다. 이러한 이유로 그들의 수중에는 도시인들보다 돈이 없고, 흔히 그보다 훨씬 나쁜 상황에 처해 있다. 그들은 어떤 의미에서는 도시민보다 더 흙에서 멀리 떨어져 있다. 생명의 원천은 이처럼 메말랐고, 현재의 조건하에서는 땅에서 일하는 사람들의 수가 증가한다 해도 원상복귀가 불가능하다. 그들의 영양 섭취가 도시에 묶여 있기 때문이다. 도시민과 농촌 사람들은 모두 올바른 음식을 필요로 한다. 현재 인맥을 동원하든 돈으로든 올바른 음식을 살 수 있는 사람은 도시에서나 농촌에서나 100명의 한 명도 안 된다. 올바른 음식은 없다. 열쇠를 쥐고 있는 상업 거래인은 쉽게 보존 또는 저장할 수 있는 표준화된 식품을 염가에 대량으로 원한다. 그는 대중을 "교육"하고 농부는 그에 따라 만들어진 요구에 맞추거나, 그렇게 하지 못하면 폐업한다.

값싼 식품은 이 모든 것에 대한 그럴듯한 구실이었다. 이 나라에서 지난 100년 동안 우리가 구매한 식품은 다른 나라에서도 가장 선호되고 가장 많이 수입되었다고들 한다. 사실 그것은 우리의 건강과 활력을 희생시킨 결과였다. 심지어는 우리의 제국과 독립국으로서의 지위를 희생시키는 일이었는 지도 모른다.

값싼 식품, 값싼 모든 것. 재무적 비용을 낮추는 것이 우리 의 이상인 이유는 우리가 재무적 이득 외의 다른 이득에 대 해 전혀 모르기 때문이다. 베르너 좀바르트$^{Werner Sombart}$는 이 렇게 말했다.

> "수익성" 계산은 인간을 바보로 만드는 악마의 발명품이 다. 그것은 다채로운 세계를 파괴하여 회색의 침울하고 단조 로운 금전 가치로 변형시켰다.

가격 인하가 풍요를 가져올 것이라는 생각은 망상이다. 쓰레 기의 풍요가 무슨 소용이 있겠는가?

질의 저하

그렇다면 그러한 질적 저하가 어디서나 분명히 나타난다는 사실이 놀라운가? 음식과 물질 생활에서뿐만 아니라 영적인 것들에서도 질을 추구하는 인간은 드물다. 앨프리드 하우스먼[Alfred Edward Housman]이 다음과 같이 썼을 때 그는 그런 사람들을 어디에서 찾아야 하는지 알고 있었다.

> 밭 가는 이들과 목동들을 나는 보았노라
> 그리고 또다시, 그리고 여전히 볼 수 있노라
> 하느님의 아들이며 사람의 왕인
> 온전히 고귀한 정신을 가진 그들을.

오늘날 "온전히 고귀한 정신"은 어디에 있는가? 농촌에서도 찾기 힘들다. 도시의 상업적 기준은 차츰 농촌에까지 지배력을 넓히고 있기 때문이다. 그런 기준들 때문에 농촌 사람들은 예전부터 편견의 대상이었다. 그들은 느리고 단순해 보여서 진정한 장점은 인지되지 않는다. 언제나 "개성"을 뽐내는, 화려한 재능을 가진 도시 거리의 "똑똑한 바보"보다 "쓸모"가 없기 때문이다. 그러나 비치코머[Beachcomber]가 현명하게 말했듯이,

> 베드로가 문 앞에 서 있다고 생각해보라.

그는 밀고 들어와 모든 지루한 것에 생기를 불어넣는다.

사람의 자질은 정의하기 어렵지만 사물의 경우에는 그리 어렵지 않다. 그리고 악화는 진단하기 쉽다. 우리는 외부 사물을 우리 자신보다 훨씬 명확하게 보기 때문이다. 모든 물질적인 것 중에서 우리에게 가장 덜 외부적인 것은 우리의 음식이다. 음식은 우리에게 가장 중요한 것이다. 다른 것들에서와 마찬가지로 음식에서도 질은 싼값에 의해 축출되었다. 우리는 싼값의 이름으로, 우리 조상들이 우리에게 전해준 모든 건전한 본능을, 우리를 올바른 선택으로 이끌도록 고안된 그 본능을 속이려 한다. 그러기 위해 우리는 최고의 화학적, 기계적 창의력을 사용해 본능을 속이는 데 성공한다. 특히 현대 마케팅에 적용되면 참된 질이 어떻게 하여 싼값에 자리를 내주는지 보여주는 사례들은 무한히 많이 늘어날 수 있다. 현대 마케팅에서는 대량으로 처리하고 다른 고려와 관계없이 가장 쉽게 다루어지는 것을 구입하도록 대중을 설득하는 일들이 포함된다. 빵의 재료인 외국의 "경질" 밀은 영국 밀보다 더 저렴하다. 밝고 균일한 색상의 사과는 진열하기에 더 좋다. 고농축 식품은 영양을 주기보다는 자극제로 사용되며 널리 광고된다. 조미료나 소스와 같은 순전한 자극제도 마찬가지이다. 이런 것들의 제조자들은 생명 없고 과도하게 농축되고 지나치게 정련된, 만족스럽지 못한 "정제" 음식에 의해 만들어진 해로운 갈망에 판매를 의존한다. 우유는 대량 유통업으로 다루어지므로 더 안전하게 유통되기 위해 반드시 살균된다. 그렇지 않은 경우에는 혼합 제품으로 만들어진다. 이러한 유가공품은 어느 정도는 우유의 등가물로 간주되지만, 가격 대비 영양가에서 생우유 또는 원유 제품(치즈, 버터, 응유, 크림)에 결코 비교될 수 없다.

우유는 심각한 감염 매개체가 되기도 하기 때문에 살균을 의무화해야 하는 것은 사실이고, 저온살균이 세균을 궤멸하는 것도 사실이다. 우유가 대도시에 보급되기 위해서는 대량으로 취급되어야 하는데, 그 경우 감염이 퍼질 수 있다는 것도 사실이다. 우리가 저온살균으로 계속 멸균우유를 생산한다면, 미생물에게 저항력을 주던 미세한 우유의 성질은 박탈될 것이다. 우리는 우리가 예전에 있었던 곳으로 되돌아가지만, 조금 더 나쁘게 돌아간다. 저온살균 우유가 젊은이, 노인, 동물에 미치는 즉각적 효과를 검사한 과학자들은 거의 모두가 한목소리로 품질 저하가 없다고 말한다. 불행히도, 훨씬 중요한 장기적인 결과는 실험 검사에 전혀 적절하지 못하다. 살균우유로 길러진 아이들의 아이들은 어떨까? 인정하건대 살균은 우유의 인산염 성분 중 하나를 변화시킨다. 이러한 변화는 실제로 효율적인 저온살균 테스트 중 하나로 사용된다. 이 성분은 뼈와 치아의 형성을 포함하는 신체의 칼슘 대사에 밀접하게 관여한다. 누가 감히 어머니와 산모와 아이들에게서 그것을 박탈하는가? 또다시 자포자기하고 감염을 피하는 미심쩍은 길을 선택해야 할까? 이 길로 들어서면 더 난감한 방향으로 가게 될 것임을 알면서도? 그 전에 우리는 적어도 에렌프리트 파이퍼^{Ehrenfried Pfeiffer} 박사의 저작을 고려해야 할 것이다.[6] 생물의 건강 진단을 위한 그의 결정화^{crystalization} 테스트는 특히 미국에서 차츰 알려지고 있다. 이 테스트가 우유에 적용되면 생우유와 멸균우유 간의 뚜렷한 차이를 알려주며, 멸균우유가 훨씬 못하다는 것을 알려준다. 그러므로 우리는 순수성이라는 잘못

---

6   독일계 미국인 화학자인 에렌프리트 파이퍼는 슈타이너의 생명역동농학을 대중화하는 데에 큰 역할을 했으며, 당시 독일에서 생명역동농학이 나치의 탄압을 받고 있을 때 노스본은 에렌프리트 파이퍼를 통해 생명역동농학을 접했다. 부록을 참조할 것.

된 단어의 매력에 유혹되어 하락의 길로 그 한 발을 내딛지 않도록 조심해야 한다.

순수성

순수함은 광고주의 표어이다. 그러나 실제로는 살균과 거의 동의어가 되었다. 살균은 원치 않는 변화의 가능성을 제거하기 위해 죽인다는 것을 의미한다. 그것은 신선함의 정반대이다. 신선함의 우수성은 변화에 대한 감수성에 있다. 그것은 생동감을 의미한다. 그러나 우리는 가능한 한 불활성인 것을 선택하여 변화 가능하고 활기찬 모든 것을 피하거나 쫓아내버리도록 설득된다. 사실 화학적으로 순수한 것은 실제로 전혀 쓸모가 없음이 분명하다. 화학적으로 순수한 물조차도 마시기에 좋지 않다. 진짜로 중요한 미묘함은 모두 불순물에 속하는 성질이다. 그것들을 제거하려는 우리의 노력은 상당히 성공적으로 이어져왔다. 물론 식품의 불순물은 유해하거나 치명적일 수 있지만, 어떤 물질이 위험할 정도로 과잉 상태여서 여러 방법으로 배제할 때, 이 과잉분은 건강하지 못한 생물에게는 위험해도 건강한 생물에게는 무해하거나 유익할 수 있다. 위생은 아주 좋은 것으로 보이지만 사실은 건강을 대신할 수 없다. 우리는 세균이나 흙을 피하는 것만으로 건강이 올 수 있다고 생각하는 습관에 빠져 있지만, 건강의 기초를 소홀히 하고 점점 더 박테리아나 먼지를 견뎌낼 수 없는 상태에 들어서고 있으며, 따라서 점점 더 그것들을 두려워하고 있다. 그런데 건강한 사람들은 그런 것들을 조금도 신경 쓸 필요가 없으며 신경 쓰지 않는다. 그런 것들은 사실은 어느 누구도 피할 수 없으며 앞으로도 그럴 수 없다. 언제나 그렇듯이, 악을 피하는 데에만 초점을 맞춘 부정적인 정책은 선을 추구하는 건설적인 작업이 수반되지 않는다면 아무런 소용이 없다.

음식의 성분뿐 아니라 그 구조도 중요할 것이며, 아마도 그 이상일 것이다. 화학구조뿐 아니라 더 이상 쪼갤 수 없는 사물의 본질에 있는 구조 말이다. 분석 과정은 아무리 세밀해도 결국은 그것을 파괴하고 만다. 여기서 우리는 전혀 과학적이지 않지만 더없이 중요한 **전체성**의 개념으로 되돌아간다. 음식의 질은 전체성과 관련된다.

음식의 진짜 질이 손실됨으로써 초래된 이상한 결과 중 하나는, 아주 많은 사람, 심지어 상대적으로 가난한 사람들조차도 습관적으로 너무 많이 먹는다는 것이다. 영양실조가 거의 믿을 수 없을 정도로 널리 퍼져 있다고 알려져 있음에도 그것은 사실이다. 요즘 영양실조는 거의 양적인 현상이 아니다. 유기체는 오염되고 표백되고 씻겨진, 오래전에 죽은 물질에 결코 만족할 수 없으며, 그 경우 더 많은 것을 요구한다. 인간은 그의 위장을 헛되이 잡다한 것들로 채워 넣는다. 거기에 그가 진짜로 섭취해야 할 것은 없다. 결국 소화력은 떨어지고 우리에게 힘을 줄 수 있는 것은 너무 강해서 받아들일 수 없게 된다.

왜곡된 입맛

이 상태에 반드시 수반되는 것은 미각이 악화되거나 왜곡되는 것이다. 악화와 왜곡이 한번 초래되면 멈추기 힘든 악순환이 고정된다. 미각은 좋고 나쁜 것을 가리는 최종 결정을 위해 의존하는 감각인데, 이것이 왜곡되면 좋은 것을 받아들일 수 없게 된다.

참된 질의 왜곡은 음식에서만 일어나는 것이 아니다. 미각의 왜곡이 동시에 일어난다는 것은 분명하다. 대부분의 사람은 생활의 모든 부문에서 열악한 음식을 참고 견뎌야 한다. 그들에게는 선택의 여지가 없다. 그런 음식을 괜찮게 보이게 하기 위해 많은 재능이 투여되며, 그것을 팔기 위해 새롭고 더 많은 재능이 투여되면 그것은 더욱 매력적으로 보이게 된다. 그러나 그것은 고상함과 견고함의 결합인 질을 안팎으로 결여하고 있다. 상업적 의미에서 품질은 순전히 사람들이 구매를 설득당할 수 있도록, 혹은 호구가 되도록 해주는 것이다. 지금 세대의 우리 대부분은 진정한 질이 무엇을 의미하는지 잊어버렸다. 진정한 질은 무엇보다도 개체성을 뜻한다. 그것은 서둘러 만들어질 수 없다. 그것은 언제나 인간의 생각과 보살핌이 아낌없이 퍼부어져 적용되었을 때 생겨난다. 그것은 결코 값싸지 않다.

풍요의 환상

결국 정말로 중요한 유일한 것은 인간 삶의 질이다. 삶의 질에 기여하는 것은 무엇이든 진정한 부이다. 이러한 기준에서 판단할 때 오늘날 과장된 부의 대부분은 쓰레기이다. 그것이 본성상 쓰레기가 아니라면, 그것을 인간에게 가치 있는 것이 되게 할 수 있는 무엇인가가 인간에게 결여되어 있기 때문에 결국은 무가치한 것이다. 예를 들어 좋은 집은 삶에 대해 올바른 관계를 확립할 수단을 갖지 못한 사람에게는 아무 소용이 없다. 우리는 어떤 수단이나 다른 방법으로 시장이 발견되거나 창출될 수 있다는 조건하에서, 부를 주로 한 명이 생산할 수 있는 양을 통해 고려한다. 다시 말해 우리는 생산 문제가 해결되었다고 상상하고서, 현재의 문제는 주로 분배 문제라고 생각한다. 바로 이런 생각 때문에 "잠재적 풍요 속의 빈곤"에 대한 격렬한 저항이 일어난다.

실제 상황은 필수적이지 않은 많은 것의 풍요 속에 나타나는 필수적인 것들의 빈곤이다. 재무적 용어로만 표현되는 빈곤은 지난 수십 년 동안 매우 크게 감소했다. "생활수준"은 크게 향상되었다. 그러나 "생활수준"이라는 문구가 의미하는 바는 "생활"이 의미하는 바에 달려 있다. 우리는 풍요롭고 실질적이며 잠재력을 가지고 있다. 그러나 무엇의 풍요로움인가? 이것이 진짜 질문이다. 우리는 제조된 상품을 풍부하게 가지고 있고 원한다면 더 가질 수 있다. 돈을 생산과 동일시하려고만 하면 많은 돈을 가질 수 있다. 우리는 양적 의미에서 풍부한 식량을 가지고 있다. 그러나 만족스러운 삶을 위해 절대적으로 없어서는 안 될 기초인 음식에 있어서 우리는 비참하게 가난하며, 오랫동안 그러할 것이다. 우리는 인간 삶의 질에 실제로 기여하는 거의 모든 것에서 마찬가지로 빈곤하다. 우리가 해야 할 일이 전력질주하는 기계를 갖는 것, 그리고 그 생산물을 또 다른 종류의 기계인 돈 또는 공산주의 또는 연방 등에 의해 분배하는 것이라고 생각하는 것은 가장 큰 실수이다. 우리가 정말로 해야 할 일은 처음으로 되돌아가서 새롭게 시작하는 것이다. 그 처음이란 물론 흙이다. 그리고 우리에게 그렇게 할 만한 상식이 있을 때 우리는 그렇게 하는 것이 매우 만족스럽다는 것을 알게 될 것이며, 우리가 다시 삶의 질을 단순한 값싼 것에 희생시키도록 속이지 않는다면, 다른 것들은 당연하게 "우리에게 더 해질" 것임을 알게 될 것이다.

낭비

그러나 우리는 현재 소위 경제활동을 해나가는 데 전적으로 몰두하고 있는 것으로 보이며, 거기서 최우선 원칙은 재무적 수익성의 계산이다. 경제는 무엇보다도 낭비를 막기 위한 것이다. 돈의 낭비를 피할수록 우리는 성공한다. 그러나 환상 속의 풍부함으로 우리는 그 밖의 거의 모든 것을 낭비한다. 특히 인간 삶의 질에 기여하는 것들을. 우리는 모든 사람의 건강의 기초뿐만 아니라 우리에게 남아 있는 활력, 창의력,

힘의 대부분을 전쟁이나 사업의 이름으로 추구되는 쓸데없는 활동에 낭비한다. 그러나 여기서 우리는 삶의 기초를 낭비하는 데에 더욱 열중하는데, 그 기초란 토양의 비옥성이다. 한 나라의 경제가 현대적일수록 그 낭비는 더 빠르다. 소위 고도로 발달된 경제의 영향하에 있는 먼 나라의 토양을 파괴할 수 있다는 것을 우리는 보았다. 그렇게 되면 그 토양의 비옥성은 직접적으로 쓸려나가 바다로 가거나 공중으로 흩어지거나 모래나 토사 아래 파묻히게 된다. 우리는 또한, 먼 나라에서 식품과 비료가 수입되면, 고도로 개발된 나라의 비옥성이 어떻게 불안정하게 유지되는지 보았다. 이것들이 가장 큰 낭비의 근원이다. 그러나 그 밖에도 다른 것들이 있는데, 밭 가꾸는 이들과 농부들이 비료를 부주의하게 다루거나 잠재적 가치를 지닌 유기물질을 폐기하거나 소각하는 것이다. 좋을 수 있는 식품조차도, 그것을 소화할 수 있는 힘이 완전히 실패하면 낭비된다.

오물은 위험성 없고 무해한 귀중한 유기비료로 쉽고 유익하게 전환될 수 있다. 다양한 기계적, 생물학적 과정이 있으며, 몇몇 도시에서는 이를 채택했다. 그러나 대다수의 도시는 공중보건, 공중복지, 교육과 같은 공공서비스를 확장함으로써 근본적인 오류의 결과를 대충 수습하는 데에 훨씬 더 관심이 있다. 그런 것들은 너무 많은 비용이 들어가기 때문에 그들에게는 충분한 돈이 없으며, 새로운 오물 활용 계획을 위해 쓸 돈은 더더구나 없다. 그것이 자력갱생의 방도인데도 말이다. 시의 부채는 너무 크고, 기존 서비스에 대한 새로운 자본 지출에 대한 요구가 너무나 강하기 때문에 시의회가 의지를 가지고 있더라도 행동은 매우 어려울 것이다. 보건당국은 전문가들에 의해 관리되며, 그들 각각은 기회를 노리고 있다. 민영화가 된다면 아마도 수익성 있게 수행될 수 있겠지만, 특허 의약품 및 화장품에 투자하는 것이 훨씬 더 매력적이다. 그래서 슬러지는 활용되지 못하고 낭비된다. 우리는 인구 100만 명당 연간 74만 톤의 슬러지를 낭비하고 있으며, 이는 5만 파운드 이상의 가치가 있는 약 5만 톤의 농축 유기비료로 전환될 수 있는 양이다. 런던은 이 양의 네 배 또는 다섯 배를 생산할 수 있을 것이고, 대략 이로부터 연간 50만 파운드의 수익을 올릴 수 있을 것이다. 런던의 거대한 지출을 바다에 비유한다 해도 상당한 양이다.

그러나 오물을 흙이 이용하기에 최적화된 상태, 즉 적절한 생체 활성 상태로 가져오는 방법을 고안하는 데에는 여전히 많은 일이 남아 있다. 인산염, 칼륨 등의 화학 성분은 상대적으로 가치가 작지만 중요하다. 오물을 통해 우리는 영국제도로부터 바다로 인산염 물질을 내보내는데, 그 인산염의 양은 매년 약 25만 톤에 달한다. 세계에서 고갈될 위험이 없는, 생명에 본질적인 물질은 단 한 가지가 있는 것으로 보이는데 그것이 인이라는 것은 흥미로운 사실이다. 우리는 최선을 다해 인의 고갈을 촉발하고 있는 것이다.

도시에서 나오는 오물에 관련된 문제와 더불어 유기 쓰레기에 대한 문제가 있다. 몇몇 자치구들은 이러한 종류의 물질을 분류하고 분쇄하여 농부들에게 판다. 이는 그들 모두에게 이익이며, 땅을 위해서도 분명 이익이다. 단, 쓰레기에서 인쇄기의 잉크나 화학물질, 염료 같은 것들의 독성을 잘 제거하고, 최근에 살아 있었던 생물질(이러한 목적을 위해 키워진 녹색작물)과 적절하게 결합되거나 조합되어야만, 또는 땅에 넣기 전에 생체적 방법으로 적절하게 활성화되어야만, 확실한 이득이 보장될 것이다. 분류는 자치구에서, 비료화 처리는 자치구 또는 농부가 해야 한다. 외견상 정교한 이러한 공정이 얼마만큼의 가치를 갖는지 증명해주는 유효한 테스트는 토양에 미치는 궁극적 효과뿐이며, 우리가 더 많은 시간과 에너지를 투여하고 있는 많은 것들보다 훨씬 더 가치 있다는 것이 증명될 것이다. 분쇄된 쓰레기는 때로는 가공된 슬러지와 결합된다. 이러한 유망한 실험은 비료화 처리를 위한 녹색작물 활용 실험과 결합되어야 한다. 시도는 경미하고 잠정적이지만 이러한 실험이 시작되었다는 것이 중요하다.

농촌에서조차도 우리는 유기물의 광범위하고 지속적인 낭비를 허용하고 있다. 현대적 쓰레기 처리는 빠르게 확산되고 있다. 도시뿐 아니라 전원 지역 협의회들도 쓰레기를 소각하고 운임을 줄이라고 광고한다. 그뿐만 아니라 가지치기로 쳐낸 나뭇가지, 산울타리, 도로변 녹지, 둑길 잔디, 도랑 청소 부산물, 낙엽 등은 모두 비옥성을 위해 쓰이는 대신 귀찮은 것으로 여겨진다. 낭비되는 이런 종류의 작은 것들 각각의 가치는 미미하지만 그 총합은 엄청나다. 눈 뜬 사람이라면 누구든 매일, 매년 끊임없이 계속되는 이러한 누출에 대해 생각해보고 경각심을 가질 것이다. 반면에 이것들을 모아 솜씨 좋게 변화시켜 활용한다면, 이 소소한 물질들의 미덕은 최고로 만족스럽고 멋진 것이 될 것이다. 국가와 지방의 책임 있는 정부도 중요하지만 평범한 개인은 더욱 중요하다. 특히 그가 작은 채마밭 한 뙈기라도 가지고 있다면 말이다. 그는 작은 누출을 멈추게 할 수 있다. 그것은 큰 누출들보다 더 중요할지도 모른다. 그 이상으로, 어떤 작은 땅이라도 새로운 활력의 중심이 될 수 있고, 주변 지역에 영향을 넓히는 원자핵과 같은 역할을 할 수 있다. 그리고 작은 규모에서는 재무적 고려 사항의 치명적인 영향이 일반적으로 저지될 수 있다.

생명을 가진 모든 것은 다시 생명을 가질 수 있고, 다시 생명을 가짐으로써 그것은 생명의 범위 속으로 이제까지 생명이 없었던 것들의 조각들을 끌어들일 수 있다. 당신이 낡은 모직 바지를 소각한다면 당신은 잠재적 생명을 파괴하는 것이며, 이는 살해를 저지르는 것과 같다. 퇴비를 만들 때 가장 중요한 것은 당신이 버려지는 물질에서 되살리는 생명의 질이다. 적절하게 만들어진 퇴비는 살아 있는 식물에게 힘을 줄 수 있고, 이제까지 죽어 있었던 흙 속 물질을 붙잡아 살아 있는 세계로 데려올 수 있다. 그러나 신문지에는 인쇄 잉크와 같은 오염 물질이 있으므로 조심해야 한다. 이 사실 어딘가에도 아마 교훈이 있을 것이다.

되돌려주기의 규칙

생명은 생명의 순환 안에서 되돌려주기의 규칙이 충실하게 지켜질 때에만 불활성의 것을 이길 수 있다. 그것이 지켜지지 않으면 생명은 그 자체로 낭비하며 살게 된다. 말하자면 자신의 자본을 소모하며 환경에 대한 힘을 잃고 약해지고 불행해지고 추해진다. 그때 자연은 더 이상 예전에 규칙이 지켜지던 때처럼 너그럽지 않은 듯하다. 되돌려주기의 규칙을 따르는 일은 순전히 경제나 과학의 문제만은 아니다. 그것은 삶이 가진 경이와 아름다움과 시의 일부이다. 영원히 순환하는 오물의 변환 과정, 오물이 썩어 유용함과 아름다움으로 변하는 과정에는 시가 있다. 그것을 이해하려면 과학자와 경제학자보다는 시인에게 물어야 한다. 과학자는 동시에 시인일 수도 있지만, 경제학자가 동시에 시인인 경우는 극히 드물다.

우리가 젊은이들에게 "상업 예술"로 가르치는 것을 제외한다면 경제에는 아름다움의 자리가 없다. 우리는 가장 중요한 모든 것을 낭비하며, 고유한 덕이 없는 두 가지만을 광적으로 아낀다. 그것들은 생명의 법칙에 복종하여 생명의 요구를 만족시킬 때에만 유용한 것들이지만, 주인이 되어, 심지어 신이 되어 무한히 파괴적으로 작용한다. 그 두 가지는 바로 기계력과 돈이다.

반면에 지극히 현실적이고자 할 때 우리는 여전히 땅으로 되돌아가자고 말하지만, 우리의 말과 행동은 일치하지 않는다. 영적인 힘을 향해 다시 일어서려면 가장 먼저 땅으로 돌아가야 한다. 그래서 우리는 땅과 접촉을 유지하고 우리가 농업으로 알고 있는 활동을 재평가해야 한다. 우리는 우리 삶에서 땅이 차지하는 가치에 대한 모든 생각을 재고해야 하고, 그럼으로써 어떤 방식으로든 땅에 영향을 미치는 우리의 모든 활동을 재고해야 한다. 그런 활동 중에서는 농업이 으뜸이다. 농부들을 대중에게 이바지하게 만들자는 것이 아니다. 대중을, 특히 도시의 대중을 땅에 이바지하게 만들자는 것이다. 그렇게 함으로써만 땅은 그들을 섬길 수 있다. 사람들이 개개인으로서 자신의 위치를 이해하고 그에 따라 행동하기 전에는 농부든 정부든 필요한 것을 행할 수 없다.

제 3 장

농업의 실상

땅은 오늘날 다른 것들처럼 사고팔 수 있는 상품이며, 주어진 지역에서 추출할 수 있는 재무적 이익에 비례하는 가치를 지닌다. 그러나 현실적으로 토지는 경제학의 다른 어떤 요소와도 비교할 수 없다. 땅은 모든 것을 위해 없어서는 안 되며(모든 것은 땅 위에 서 있다), 토지의 유효한 총합은 한정적이다. 그러므로 땅의 절대적 소유권은 특별한 종류의 힘을 부여한다. 땅은 또한 생명의 원천이다. 하지만 우리의 가치 척도는 너무나 잘못된 나머지 돈의 측면에서, 농사가 아닌 다른 목적들에 더 많은 가치가 부여된다.

땅은 "농사의 원자재"로 불려왔지만 전혀 그런 종류의 것이 아니다. 공장 프로세스와의 비교는 불가하다. 공장 프로세스는 소비로 귀결되는 한쪽 방향의 공정을 가정하는데, 이는 농업의 진정한 위치에 대해 완전히 잘못된 생각을 갖게 한다. 땅이 인류의 영양과정을 구성하는 전체 과정의 종결점으로 취급되지 않고 시초로 취급된다면 영양순환의 절반은 무시될 것이다. 이 순환주기의 부분들 각각은 모두 중요하며, 한 군데가 중단되면 전체 과정의 통일성은 파괴되고, 이 과정의 각 부분에서 각자의 역할을 맡고 있는 모든 유기체의 활력은 손상될 것이다. 농업은 사업일 수도 있으므로 공업 공정의 경제학과 농업을 비교할 수도 있겠지만, 농업은 그 이상의 것이다. 그러한 유비를 너무 멀리까지 끌고 나가거나 잘못된 방향으로 밀어붙이는 것은 위험하기 짝이 없는 일이다. 사실상 땅은 영양과정의 종결점인 한에서만 시초일 수 있다. 실제로 마지막에 완성되는 최종 산물로서의 위치가 가장 먼저 고려되는 위치라면 나머지는 대체로 저절로 작동할 것이다. 땅이야말로 우리가 농부로서 가장 책임져야 할 최종의 위치인 것이다.

한 나라의 토지는 그 나라 부의 유일한 원천이며, 양적으로 유한하면서도 본질적으로는 사용 또는 공급 고갈로 인해 훼손될 수 없는 것이 사실이다. 이에 필요한 인간의 노력이 올바르게 적용되기만 한다면 말이다. 그러므로 이러한 범주의 자산은 달리 없으며, 중요성으로 보든 그와 관련된 문제들을 다루는 접근법으로 보든 비교할 만한 다른 것은 없다. 다른 관점들이 더 중요할지는 모르겠으나, 순수한 상업 경제의 관점에서 보아도 그것은 궁극적으로 참이다. 우리는 땅에 절대적으로 의존하기 때문에—땅의 산물에 양적으로 의존하는 것이 아니라 그 질에 의존하기 때문에—땅을 농업에 사용하는 것은 여타 목적을 위한 사용보다 중요하다. 그 질을 좌우하는 것은 토양의 상태이다. (토양의 상태는 결국 양에도 영향을 미친다.) 토양 산출물의 질은 땅과 인간의 관계가 얼마나 직접적인가, 그리고 그 관계가 약탈적이지 않고 공생적인가에 달려 있다. 다시 말해 관건은 파괴되지 않은 영양순환이다. 그러므로 농업은 인간의 한 부분이고 인간은 오늘날 거의 이해되지 못하는 의미에서 농업의 한 부분이다. 농업은 모든 인간이 환경과 맺는 관계의 주된 표현이다. 뼛속까지 도시인이라 할지라도 육체적 삶의 차원에서나 또 다른 차원에서 농업은 그에게 무엇보다도 중요하다. 인간과 농업은 엄밀히 말해 분리 불가능하기 때문이다. 농업은 그의 생명의 메커니즘이고, 그는 농업으로부터 생명을 얻기 위해 농업에 기여해야 한다. 그는 다른 방식으로는 생명을 얻을 수 없다.

산업적 측면은 농업의 본질이 아니다

농업은 확실히 독자적이며, 그 지위는 독특하다. 그러나 농업은 지위를 상실하고 인간의 욕구와 필요를 위해 음식을 공급하는 많은 산업 중의 하나가 되었으며, 그중에서도 결코 선호되는 산업은 아니다. 도시와 산업의 이론과 가치는 농촌의 참된 이론들을 대체했다. 이 참된 이론들은 주로 전원생활과 채소밭 가꾸기에 결부된 정서적 애착으로 남아 있을 뿐이다. 농촌 생활의 낭만은 그 안에 돈이 없기 때문에 별로 실질적이지 않은, 지나간 시대의 시적 잔존물일 뿐일까? 또는 그런 낭만은 우리가 애착을 갖고 만들어야 할 어떤 것일까? 농업은 단지, 최소한의 고용을 가능하게 하는 기계화, 그리고 더 큰 단위의 경영을 위한 표준화, 비용 계산으로만 판단되어야 하는 필수적인 고된 일일 뿐일까? 아니면 농업을 모든 이에게 실질적인, 삶에 밀착된 어떤 것으로 만들고, 그 속에서 개인의 보살핌과 더 나아가 시적인 공상이 기계 효율성보다 더 크게 고려되는 어떤 것으로 만드는 일이야말로 국가의 쇠퇴를 막는 유일한 대안일까? 기계 효율성은 아주 그럴듯해 보이지만, 삶은 그것에 희생될 수도 있다.

기계 효율성은 물질주의의 이상이지만, 정신에 의해 훈련되지 않는다면 걷잡을 수 없게 되어 정신을 파괴할 수 있다. 역학에서가 아니라 삶에서 정신적인 것은 물질적인 것보다 더 실질적이다. 여기에는 종교, 시, 모든 예술이 포함된다. 정신적인 것은 삶을 가치 있게 만들 수 있는 문화의 원천이다. 농업은 일차적으로 삶에 관련되기 때문에, 농업의 물질적인 측면이 영적·문화적 측면과 충돌한다면 승리하는 것은 후자일 것이다. 그렇지 않다면 삶에서 가장 중요한 것을 잃게 될 것이다. 정신적인 것이 물질적인 것보다 삶에 더 중요하므로, 삶의 한 부분인 농업에서도 마찬가지이다. 양쪽이 충돌한다면 농업은 사업이 아니라 종교, 시, 예술에 속해야 한다. 그러한 충돌이 오늘날 실제로 일어나고 있다. 우리는 그 결과를, 그리고 오늘날 우리 주변에서 나타나고 있는 물질주의의 일시적 승리를 본다. 수익성 계산은 우리를 재앙의 문턱으로 몰고 갔다. 그 재앙은 육신의 죽음이라는 위험이지만, 더 심각한 재앙은 영혼의 죽음이라는 위험이다.

영적 차원에서 참인 것은 물질적 차원에서도 참이다. 정신적 기초 위에 건설되지 않은 물질적인 것이 무가치한 것과 마찬가지로, 산업도 건전한 생물학적 하부구조 위에, 다시 말해 건전한 농업 위에 건설되지 않는다면 가치가 없다. (나는 이 책 전체에 걸쳐 훌륭한 앵글로색슨 단어인 "farming"을 라틴어 단어 "agriculture"보다 선호한다. "agriculture"라는 아름답지 못한 단어의 사용이 허용되는 유일한 근거는 그것이 "culture"와 결합되어 있다는 점뿐이다. 그러나 "culture"는 자주 남용되어왔고, 거만한 이들과 독재자들에 의해 다소 인위적인 의미로, 심지어 때로는 불길한 의미로 사용되었다. 어쨌든 농부farmer를 "agriculturist"라 부르는 데에는 어떠한 정당성도 없다.)[1]

산업은 농업을 기반으로 하는 상부구조이다. 이는 명백히 참이다. 우리는 산업 없이도 살 수 있지만 농업 없이는 살 수 없기 때문이다. 그러나 우리는 마치 농업이 산업의 부속물—물론 필수적인—인 것처럼 행동한다. 농업은 인간 삶의 부속물이 아니라 삶 자체의 일부분인데, 산업은 농업을 지배하고 인간의 삶마저 지배한다. 산업은 인간을 위해 만들어졌지만 인간은 지금 산업에 유용한 존재로 간주되고 있다. 기계 경호원, 상품 판매원, 또는 오늘날 가장 중요한, 공장 제품의 구매자로서 말이다. 이러한 관점은 많은 현대의 개혁가들, 특히 금융 개혁가들 사이에 널리 퍼져 있다. 그들의 생각은 인간을 더 효율적인 구매자로 만들어서 기계를 현재의 만성 변비에서 해방하는 것인 듯하다. 돈의 투입에 의한 자극은

---

1   저자는 농업을 산업이나 비즈니스로 접근하는 시각에 대해 비판적이며, 그러한 관점에서 농업을 일컫는 용어인 "agricultural industry"를 받아들이지 않는다. 단어 "agriculture"에 대한 반감도 그러한 맥락에서 이해될 수 있을 것이다.

분명 습관화될 것이며 결국에는 주기적 약물 주입과 마찬가지로 해로울 것이다. 두 가지 모두 언젠가는 멈춰야 한다. 멈추는 것이 고통스러울 뿐이다.

요즘의 현란한 전문용어로 농업은 "agricultural industry"이다. 그것은 그 자체로는 올바른 표현이지만, 매우 부분적인 표현일 뿐이다. 농업은 산업이지만 부수적으로만 그러할 뿐이다. 농업의 근본적인 측면들보다 산업적 측면이 우위를 차지할수록 농업은 실제 농사에서 멀어지고, 인간의 진정한 필요에 효과적으로 기여하지 못하게 된다. 산업적 측면이 우위를 차지하고 있는 오늘날, 인간과 땅의 공통적인 요구는 적절하게 충족되지 못하고 있다. 산업적 측면은 비용 계산의 측면이며, 그것은 참된 질보다 판매 가능성을 고려한다. 참된 질의 추구는 재무적 비용 계산의 관점에서는 돈이 많이 들지만, 참된 질은 돈의 가치 평가를 허용하지 않는다. 그것은 값을 넘어선 것이다. 그것은 상실해서는 안 되는 인간 삶의 질이며, 비용이 얼마가 들더라도 시급히 회복되어야 한다. 지금으로서는 아무도 인류의 유전적 잠재성이 회복 불가능한 정도로 훼손되었는지를 증명할 수 없으며, 아무도 곧 그렇게 되지 않을 것이라고 말할 수 없다.

농민의 보수주의

진정한 농업의 가장 큰 특징은 사업이 아니라 삶의 방식이라는 점이며, 필연적으로 모든 사람의 삶의 방식이라는 점이다. 그것은 산업과는 완전히 다른 방식으로 이해되어야 한다. 농업은 비조직적일 필요는 없지만, 그리고 사실 비조직적이어서도 안 되지만, 사업은 인간의 생명의 요구에 기여해야지, 그보다 우선시되어서는 안 된다. 사업이 우선시될 때 그것은 그 종사자들의 사업이기에 그치지 않고 삶의 방식, 취미, 최고의 사랑이 되어버리고 결국은 타락할 것이다. 이러한 원칙은 반드시 모든 종사자에게, 자작농 또는 지주에게뿐만 아니라 모든 작업자에게 적용되어야 한다. 땅에 대한 올바른 관계는 올바른 인간 관계를 가져다준다. 전자는 부분적으로 상실되었지만, 후자는 임금과 이윤의 체계가 우세함에도 불구하고 많은 농장에 살아 있다. 그것은 같은 일에 종사하는 사람들이 자신들의 일을 알고 가치 있는 일을 하고 있을 때 서로 간에 맺어지는 자연스러운 관계이다. 그러한 삶에는 지혜와 만족이 있으며, 전원적 삶의 서두르지 않는 리듬 속에도 지혜와 만족이 있다. 말쑥한 도시인들이 그것을 행동의 느림으로 여기는 것은 오해이다. 농부들은 "신의 방아는 느리게 돌아가지만 매우 곱게 갈아준다"는 것을, 경험을 통해 알고 있다. 거기서 바로 그들의 보수주의, 변화에 대한 의심, 조직화와 합리화에 대한 종속을 꺼리는 성향이 나온다. 이러한 보수주의적 성향은 전적으로 자연스러우며 근본적으로 건전하다. 그것은 의식적으로 얻어진다기보다는 생명체와 접촉하며 흡수한 삶의 태도에서 나온다. 그들은 생물이 이론가의 공식에 맞추어 행동하지 않는다는 것을 알며, 자연은 속도를 높이지 않을 것임을 안다.

그들은 해결해야 하는 문제를 완전히 분석적으로 접근하려 하면 문제는 더 복잡해진다는 것을 안다. 무수히 많은 관련 요인은 무한히 미묘한 균형을 이루고 있으며, 그것을 방해할 때 궁극적인 결과는 거의 예측할 수 없다는 것을 안다. 그러므로 경험적 지식을 멸시하거나 가볍게 폐기해서는 안 된다는 것을 그들은 또한 안다.

비옥성 경쟁과 생산성

그들은 경험을 통해 자신의 사업이 급변하는 조건에 적응할 수 없다는 것을 알고 있다. 유기적 균형의 변화를 야기하는 정책의 변화는 매우 신중하게 이루어지지 않으면 안 된다. 그러나 실제로는 가격 상황에 대응하기 위해 그런 변화가 점점 더 빈번하게 강제되어온 것으로 보인다. 더군다나 정책 변화가 시행되었을 때 가격 상황은 이미 더 빠르게 변화한 이후이다. 최근 몇 년 동안 정부의 개입이 이루어졌지만, 도시적 욕망과 사고방식에서 파생된 일관성 없는 기회주의적 간섭 정책에 의해 임시방편적 입장을 표명했을 뿐이라는 것이 대다수 농부들의 시각이다. 그러나 대부분의 작물과 작은 가축이 성숙하기까지 1년이 걸린다는 사실을 바꿀 수는 없다. 또한 큰 가축의 성장과 같은 순환에는 수년이 걸리며, 순혈종의 무리를 육성하는 데에는 여러 해가 걸린다. 과실수는 50년 이상 살며, 모든 것의 기초인 토양의 핵심 층을 형성해 최고의 상태를 만드는 일은 결코 끝나지 않는다. 이 과정의 연속성이 1년 동안 단절된다면 그 손실은 결코 1년 안에 보충될 수 없다. "1년 파종은 7년 제초"라는 말이 여기서 나온다. 좋은 가축 무리의 조건은 바뀔 수 없으며, 시장의 변덕에 적응하기 위해 후퇴할 수는 더더구나 없다. 약간의 방만으로 전체가 희생될 수도 있다.

농부는 한 달이나 1년이 아니라 적어도 2년에서 10년 또는 그 이상이 걸릴 수 있는 완전한 순환을 생각해야 한다. 항상 목초지, 경작지, 시비, 인력과 같은 모든 요소의 균형을 잡아야 한다. 어머니가 자녀를 보듯이 성장을 지켜보고 좋아지기를 기대해야 한다. 그러나 생각하고 지켜보는 것뿐만 아니라 항상 열심히 일하고 빠른 결정을 내려야 한다. 이 모든 것은 진정으로 인간의 일이며, 정책 변화와 혼란이 계속된다면 필연적으로 망쳐질 수밖에 없는 일이다.

농부들은 순전히 이론적인 고려에서 진행되는 개입과 변화에 대해 의심하고 있다. 이러한 이유로 그들 중 일부는 과학 농업의 이름으로 과시되는 오늘날의 지배적 경향에 대해 여전히 의혹과 불편함을 느낀다. 농업은 화학과 비용 계산의 혼합으로 취급될 수 없으며, 속도, 염가화, 표준화가 가장 중요하게 여겨지는 현대 비즈니스의 요구와 일치할 수 없다. 자연을 몰아갈 수는 없을 것이다. 당신이 그런 방식으로 노력한다면 자연은 느리게, 그러나 몹시 맹렬하게 반격한다. 금전적 비용의 관점에서 자연을 몰아간 결과는 일정 기간 동안에는 만족스러울지 몰라도 결국에는 토양의 진정한 비옥성을 파괴함으로써 스스로의 목표를 파괴하게 될 것이다. 진정한 비옥성은 생산력을 수반하는 반면, 생산력은 그 자체로 비옥성의 기준이 될 수 없다는 것을 상기하자. 양적 의미에서뿐 아니라 질적 의미에서 고려된 생산력은 비료의 형태로 이루어지는 외부 원조에서 독립되어 있지 않는 한, 그리고 비료가 그 땅에서 만들어지지 않는 한, 그 자체로 비옥성의 기준이 될 수 없다. 그러므로 언제나 참된 비옥성을 인공적인 소위 생산력이라는 것과 구분하는 것은 결코 쉬운 일이 아니다. 진짜 농부는 진정한 비옥성, 즉 건강함에 대한 감각을 가지고 있지만, 오늘날 많은 농부는 그것을 인공적인, 혹은 강제된 생산력으로 대체하는 순전히 상업적인 전망을 받아들이도록 설득되거나 강제되었다. 이런 종류의 상업적 전망을 채택하는 것은 농업을 제조업의 위치로 깎아내리는 것이며, 그 구매력을 산업과 공유하게 함으로써 농업을 산업과의 경쟁 상태에 놓는 일이다.

그러한 경쟁에서 가장 큰 타격을 받는 생산활동은 그 경쟁력이 경영의 통제 범위를 벗어나는 활동일 가능성이 크다. 그러한 생산활동은 지역사회에 유익하거나 필요하더라도 다른 생산 분야에 비해 악화될 수밖에 없다. 농업에서 원가계산에 특히 중요한 요소는 바로 동식물의 성장과 번식 속도인데, 이것은 엄밀하게 제한된 수준의 관리 통제에 취약하다. 원가계산에서 생산 속도는 노동과 간접비 비용이 항상

들어가기 때문에 엄청나게 중요하다. 성장과 번식을 가속화하려는 노력은 단지 얼마간 성공할 수 있을 뿐이며, 그러한 성공은 종종 관련 동식물 체력의 심각한 손실을 수반한다.

더욱이 농부는 농장의 미래를 몇 년 앞서 내다보아야 하지만, 정확한 생산 계획과 예측은 명백한 이유들로 인해 거의 불가능하다. 그 첫번째 이유는 날씨에 대한 의존도이다. 상인과 무역업자의 관점에서 농업은 신뢰할 수 없는 사업이다. 상품 매입자에게 상응하는 매력이 있다 해도 그것은 위안거리도 되지 않는다. 계절적 가변성에 더하여 토양과 현지 조건의 커다란 변동성을 고려한다면 농업을 산업으로서 조직하고 표준화하는 일의 상대적 어려움을 알 수 있을 것이다. 이는 계절과 토양이 모두 매우 가변적인 우리 섬나라 영국에서 특히 그렇다. 그러나 제대로 평가한다면 변동성은 우리가 가진 가장 큰 자산 중 하나일 수 있다. 오늘날 진짜 위험은 농부들이 충분히 효율적이지 않다는 것이 아니라, 상황의 압력으로 인해 결국 점점 더 중앙집중화되는 통제, 상업화 및 소위 합리화로 이어지는 영향에 대한 저항이 깨질 수 있다는 점이다.

농민의 개인주의와 독립성

농부들은 독립적이고 개인주의적이라고 알려져 있다. 그러한 자질은 건전하지만 현대의 대규모 비즈니스에서는 인정받지 못한다.(그러나 거대 비즈니스는 타락한 형태의 조직이다.) 농부들이 가진 자질은 가장 고차원적인 형태의 사회조직과 양립 불가능하지 않으며, 그러한 조직이 성장해나갈 수 있는 최소 단위의 질을 향상시켜줌으로써 오히려 더 가치 있는 조직으로 만들어준다. 위로부터 아래로 자랄 수 있는 것은 없다. "주인의 발이 흙을 기름지게 한다"는 말은 참이다. 농부는 아무리 작더라도 계획의 주인이어야 한다. 그때에만 그는 진실로 그 일을 자기 자신의 방식대로 돌볼 수 있다. 거기서 얻어낼 수 있는 것 이상으로 말이다. 이것이 바로 건전한 생체적 단위를 구축하는 기초이다.

제조업에서 다양한 종류의 중앙집중화, 합리화 및 표준화는 좋을 수도 있고 그렇지 않을 수도 있다. 그러나 농업에 적용될 때는, 그것이 정부 당국에 의해서든 또는 어떤 종류의 과두정치적 민간기업에 의해서든, 또는 금전적 압박하에서 농민들에 의해 개별적으로 혹은 공동으로 이루어지든 간에 거의 항상 나쁘다. 금전적 압박은 여러 가지 형태로 나타난다. 강박과 유혹으로, 또는 담보 대출 이자나 겉으로 보기에 무해한 조건에서 이루어진 신용 제안으로, 또는 중개인에 대한 부채와 시장 보류의 위협으로, 또는 만병통치약처럼 확실한 이익을 약속하는 유혹적인 광고로 나타날 수 있다.

고된 노동

그 자체로 가치 있는 모든 것이 그러하듯이 농업은 고된 노동과 헌신을 요구한다. 그리고 만일 농부들에게 그 자체로 가치 있는 것으로 생각되지 않는다면 좋은 농업이 아닐 것이다. 농업은 가장 위대한 수공품이며, 공예품의 우수성은 장인이 그 작품에 얼마나 헌신했는가에 달려 있다. 기계의 역할이 너무 큰 곳에서 장인정신은 부패한다. 기계는 점점 더 많은 일을 할 수 있게 되었지만 취향도 판단력도 없으며 지혜를 발휘할 수도 없다. 따라서 기계에 의해 수행되는 어떤 작업도 그러한 특성들의 직접적인 영향을 받을 수 없다. 이러한 사실은 공장에서는 그 중요성이 덜하지만, 끊임없이 변화하는 자연과 생물의 특성들이 다루어지는 농장에서는 더욱 중요하다. 그리고 농장 생산물의 질은 공장 제품의 품질보다 훨씬 더 중요하다.

그러므로 기계화된 농업은 농업이 마땅히 그러해야 하는 바와 매우 다를 수 있으며, 너무 큰 규모로 너무 빨리 일하도록 유혹될 때 특히 그렇다. 이는 기계의 보조를 완전히 배제해야 한다는 말이 아니라, 기계화는 끔찍한 올무가 될 수도 있다는 것을 의미한다. 지금까지 제조업체가 대체로 작업의 규모와 속도를 증가시키기 위한 기계를 생산하는 데 전념했던 이상, 그것은 종종 실제 상황이다. 기계는 이제까지와는 비교할 수 없는 규모의 사막화를 초래하는 토양 착취를 가능하게 하며, 이와 유사한 방법을 우리 토양에 적용하도록 강요하고 있다. 소규모 작업을 위한 기계는 개선되고 있으며, 작업의 질적 저하가 일어나지 않을 수 있는 부분에서 단순 반복 작업을 줄이기 위해 적절한 판단하에 사용된다면 매우 유용할 수 있다. 그러나 다른 모든 공예에서와 마찬가지로 농업에서 최고의 것은 오직 수작업으로만 생산할 수 있으며, 이때 최고가 아닌 것은 생산되지 않을 것이다.

인간의 삶이 육체적 수고에 부당하게 지배될 때 인간은 압도될 수 있다. 육체적 수고는 인간을 어느 정도 잔인하거나 냉담한 상태로 만들 수 있다. 그러므로 수고로움에서 해방되는 것은 좋은 일이다. 그러나 이는 모든 수고가 나쁘다는 말은 아니다. 아마 어느 정도의 수고는 인간의 건강과 정신적 균형을 위해 필수적일 것이다. 거친 야외 작업은 세상에서 가장 좋은 기분 전환일 수도 있다. 수고는 과도할 때에만, 그리고 이해, 목적, 감흥 없이 수행해야 할 때에만 사람을 둔하게 만든다. 진정한 농업에서는 고된 노동이라 할지라도 힘든 일에서 도망치는 것은 있을 수 없다. 그러나 농업의 커다란 다양성을 고려하지 않는다 하더라도 농업은 흥미롭고 만족스러운 작업이다. 농업에서 모든 일은 숙련이 필요한 일이다. 그 대부분은 생명체와 소통하며 진정한 공감과 이해를 통한 최고의 장인정신을 발휘할 것을 요구하는 일이다. 그것은 우리의 가장 깊은 영적 필요를 성취하게 해줄 수 있지만, 염가화를 첫번째 목표로 삼지 않을 때에만 그렇다. 요즘에는 일을 제대로 하려면 보통 비용이 너무 많이 들기 때문에 농장 노동의 즐거움은 사라지고 말았다.

필수적인 노동이 모두 손과 근육만의 수고는 아니다. 거기에는 또한 왕성한 사유활동이 있다. 농장에서는 모든 일에 최선의 순간이 있을 뿐 아니라 최선의 방법도 있다. 거기서 중요한 순간들은 달력이나 시계 또는 가격 상황에 따라서가 아니라 날씨, 성장, 숙성, 번식에 의해 도래한다. 큰 것에서

뿐 아니라 작은 것에서도 최대로 향상적인 주의력과 명료한 의식이 요구된다. 명료한 의식이란 시장이 아닌 농장 자체에 정신을 집중하는 것을 의미한다.

살아 있는 전체로서의 농장

가장 좋은 것은 전체성이라고 불려온 생체적 완전성에서만 솟아날 수 있다. 그것이 달성되려면 농장은 자체적으로 생체적 완전성을 지녀야 한다. 농장은 살아 있는 독립체여야 하며, 그 자체로 균형 잡힌 유기적 삶을 갖는 단위여야 한다. 작업의 모든 분기는 다른 모든 분기와 연동된다. 동물을 통해 식물성 생성물이 거름으로 전환되고 다시 식물성으로 전환되는 주기는 매우 복잡하고, 특히 장기간에 걸친 적절한 균형의 임의적 교란에 매우 민감하다. 이 균형을 유지하지 못한 대가는 장기적이고 점진적인 토양의 불모화이다. 실제 비옥성은 각각의 농장이 처한 조건에 적합한 체계하에서 그 체계의 본질에 순응함으로써 장기간에 걸쳐 점진적으로 구축될 수 있을 뿐이다. 일관적이고 살아 있는 통일성의 구축은 빈번한 체제의 변화 및 전문화와 결코 양립할 수 없다. 그러나 현대의 농부들은 몇 년 동안 수익을 올릴 수 있을 것같이 보이는 종목에서 빠른 반환을 보장받기 위해 이행을 단행하라는, 그리고 그 종목에 집중하여 전문화하라는, 그렇게 함으로써 축적된 비옥성을 소모해버리고 미래를 운에 맡기라는 유혹에 끊임없이 저항하고 있다. (강제, 인공, 또는 수입품에 대한 대항으로서) 혼합농업이 옳은 주된 이유는, 진정한 비옥성은 혼합농업의 기초인 항상적인 물질교환 원리에 의해서만 가능하기 때문이다. 지나치게 전문화된 "농업"은 그와는 다르다. 그 경우에는 수입된 비옥성에 의존해야 하며, 자급자족도 유기농업도 불가능하다.

유기농업 대 화학농업

농업은 하나 이상의 의미에서 유기적이어야 한다. 비옥성 상실에 대응하기 위해, 또는 비옥성을 상실하지 않고 속도를 높일 수 있기 위해 과학자들은 최근에 매우 다양한 **인공비료**의 도움을 받고자 했다. 인공비료를 현저하게 사용한 결과는 종종 작물에는 직접적으로 나타나지 않는다. 그러나 우리 자신의 음식에 대해 저지른 실수와 똑같은 실수를 우리의 땅에 대해서도 저지른다면, 그리고 대부분의 인공비료가 양분이라기보다는 고작해야 자극제일 뿐이라는 것을 생각한다면, 결코 생체적으로 건전한 거름의 대체물이 될 수 없다. 인공비료는 토양에 부족한 영양을 보충해주고 농장에서 현금화되는 작물들과 함께 제거된 토양의 성분들을 보완해준다고 여겨진다. 그러나 인공비료, 특히 순전한 화학비료 또는 무기질 합성비료가 양분 보충이나 흙으로의 반환에 적합한 수단을 제공한다는 생각은 중대한 두 가지 사항을 간과하는 것이다.

첫번째 고려 사항은 동화작용의 힘은 건강에 따라 직접적으로 달라진다는 사실이다. 이는 식물과 흙에 모두 적용된다. 하층토가 표층토로 전환되는 과정은 식물이 표층토로부터 스스로 보충하는 과정에 비유될 수 있다. 둘 다 동화과정이며 실제로는 하나의 과정의 일부이다. 토양과 그 안의 미생물은 그 위에서 자라는 식물과 함께 유기적인 전체를 형성한다.

토양에 함유된 필수 영양소 보유분을 사용하는 식물의 힘은 직접적으로 그 유기적 전체의 활력 상태에 달려 있다. 그 활력 상태가 손상되면 곧바로 소위 토양 결핍(일반적으로 질소, 인, 칼륨, 때로는 붕소, 마그네슘 등의 결핍)이 나타난다. 일반적으로 이것은 실제적인 결핍이 아니라 **이용 가능한 형태**를 띤 원소들의 결핍이다. 과학적 농업경영자^{agriculturist}는 아마도 결핍된 원소를 주입하려 할 것이다. 이는 식물-미생물-토양 조합이 가진 동화의 힘이 **이용 가능성**의 주된 요인이 아니라고 단정 지은 결과이다. 보통의 토양에 함유된 **이용 불가능한** 형태의 보유량은 매우 크다. 그런데도 질소와 인은 실제로 부족할 때가 있고, 다른 영양소들 또한 어떤 방식으로든 교체되지 않은 채로 작물과 함께 항상적으로 토양에서 제거되고 농장에 의해 판매된다면 확실히 결핍될 것이다. 이제 문제는 그 교체물이 유기물의 형태여야 하는지 무기물의 형태여야 하는지이다.

이는 일반적으로 무시되는 두번째 고려 사항으로 우리를 이끈다. 인공비료는 작물이 가져가는 영양소의 일부만을 토양에 보충해준다. 모든 종류의 폐기물을 적절하게 보존하고 가공한다면 토양에서 채취한 모든 것을 적절하게 되돌려줄 수 있다. 이것만이 전부를 반환할 수 있는 유일한 방법이다. 그 결과는 만족스러운 것으로 알려져 있다. 이 방법을 실천해야 하는 적어도 하나의 분명한 이유는, 화학적으로 분리된 선택적 영양소들뿐 아니라 완전히 모든 것을 되돌려 보낸다는 바로 그 단순한 사실에 있다. 되돌려주기의 규칙을 엄격히 지키기 위해 인공비료로 교체하려 한다면 모든 영양소 대신 특정 영양소만을, 분명 어떤 종류의 생명에게는 독이 되는 형태로 공급하게 된다. 작물의 즉각적인 반응은 만족스럽게 보일지 모르지만, 특히 농산물의 질과 관련하여 장기적인 결과도 그러할지는 매우 의문스럽다. 농부들과 농산물 상인들이 유기비료로 재배된 농산물과는 달리 인공비료로 재배된 농산물의 품질이 떨어진다는 언급을 하기 시작했다는 것은 의미심장하다.

인공비료와 자연비료에 대한 논쟁과 관련하여 두 가지의 맞물리는 요인이 있는데, 하나는 되돌려주기의 완전성이고, 다른 하나는 식물–토양 조합의 동화력 또는 건강이다. 어느 한쪽을 훼손하면 다른 한쪽도 훼손된다. 그렇기 때문에 이 문제를 단편적으로, 또는 단기적으로 바라본다면 답을 구할 수 없고 수렁으로 빠져들 뿐이다. 어쨌든 이런 논쟁이 있다는 사실에 감사하자. 그것은 중요한 차이점에 대해 인지하고 있음을 보여주는 표지이고, 현재의 상황에 대한 불만의 표시로서 미래를 위한 좋은 전조이다.

인공비료가 유독성 물질로 분류되어야 하는지에 대해 의심의 여지가 있는 반면, 해충을 죽이기 위해 작물에 분사하는, 꾸준히 더 많이 사용되고 있는 살포제에 대해서는 의심의 여지가 없다. 이것들은 노골적으로 유독하다. 비소, 납, 구리, 타르, 니코틴은 자유롭게 사용된다. 그것들이 모두 결국 땅에 흡수될 때, 혹은 이미 그 이전에 어떻게 작용할지는 아무도 알지 못한다. 사실 작물은 계속 땅에서 자라는데 어째서 점점 더 많은 살충제가 필요한가? 어떤 대답이 있겠지만, 지금까지 점점 더 많은 것이 행해지고 있으며 과거에 꿈꿔왔던 것보다 훨씬 더 많은 기술이 그러한 방법으로 작물의 병 퇴치를 위해 쏟아져나오고 있는데도 무엇보다도 병과 해충이 점점 더 만연하기 때문일 것이다. 다시 한 번 강조하건대, 병의 부재는 건강의 징후 중 하나일 뿐이다. 건강에 해로운 식품에서 질병을 제거하는 것은 건강을 모방하는 것일 뿐이다. 악화된 건강을 보여주는 것은 질병 그 자체가 아니라 병에 걸리기 쉬운 체질이다. 이는 병의 경험으로 인해 두려움이 증가하는 것과 유병률 현황을 통해 추정될 수 있다. 농부에게, 특히 대규모 농장의 전문 농부에게 병에 대한 두려움과 거기 들어가는 비용에 대해 물어보라. 물론 그것은 인류 전체를 고려할 때 그렇게 엄청난 비용은 아니다. 그러나 병이 억제되더라도 농산물이 여전히 건강에 좋지 않을 수 있다는 것은 사실이며, 소비자에게 효과적인 생명의 매개체가 될 수 없을지도 모른다. 우리는 그 때문에 농부를 비난해서는 안 된다. 그는 20년 후가 아니라 올해에 생계를 유지해야 한다. 병은 실제로 만연하고 있으며 농부가 조언을 구할 사람은 질병 전문가 외에는 아무도 없다. 농약 살포는 분명히 빠른 탈출구이지만, 궁극적으로 더 많은 악을 불러오는 완화제에 불과하다. 상황은 우리 자신의 상황과 완전히 같은 방향을 향하며 완전히 동일하다. 우리는 병에 수반되는 기생 생물을 제거함으로써 우리 자신의 질병을 제거하려고 노력하지만, **체질의 토대란 무엇인가**라는, 훨씬 더 중요한 질문을 간과하고 있다. 과학자에게 체질의 토대에 관해 무엇이든 아는 것이 있는지 물어보라. 그는 아마 "체질"이란 비과학적 단어이며 측정될 수도 정확히 정의될 수도 없어서 과학의 영역에 속하지 않는다고 대답할 것이다. 그렇다면 상황은 과학에 더욱 불리하다. 과학자들이 한 일을 이제 과학자가 아닌 이들이 계속해나가야 할 것이다. 그것은 생명을 마땅히 활용되어야 할 바에 활용하는 것이다. 총알이든 칼이든 독이든, 죽음의 무기로 죽음을 극복할 수는 없다. 죽음은 생명에서 선을 배양함으로써만 극복될 수 있다.

장기적으로 볼 때 유기농업을 화학농업으로 대체하려는 시도의 결과는 아마도 지금까지 분명히 알려진 것보다 훨씬 더 해로운 것으로 판명될 것이다. 그리고 인공비료 산업이 매우 거대하고 잘 조직되어 있다는 것을 지적할 필요가 있다. 그 선전은 미묘하며, 인공비료는 쉽사리 사라지지 않을 것이다. 그러나 우리는 완전히 땅 없이 지내거나 독극물 살포제 없이 관리할 수 있기 전에 땅을 다루는 방법을 다시 배워야 할 수도 있다. 또한 금세기 동안 인공비료 사용의 커다란 증가는 실제로 토양 비옥성의 빠른 감소와 일치한다는 점도 지적할 필요가 있다. 수입된 화학비료가 결코 생물학적 자급력의 손실을 보충할 수 없다는 것은 이제 분명하다.

자급자족과 무역

그러나 어떤 이들은 세계 전체가 생물학적으로 완전하고 건강하기만 하다면 제한된 영역에서의 생물학적 자급자족은 중요하지 않다고 주장할 것이다. 이러한 주장은 세상이 생물학적으로 완전하고 건강하다면 올바른 주장이겠지만, 실상은 그렇지 않다. 어떤 종류의 자급자족은 우리가 의존해야 하는 무역을 제한하기 때문에, 또는 인류에게 상품 교환을 통해 얻을 수 있는 "연합의 증가"를 박탈하기 때문에 나쁘다고 종종 주장된다. 그러한 주장의 근거는 모두 거짓이다.

국민이 자국의 토지에 더 의존해야 한다는 주장은 "경제 민족주의"의 냄새를 풍기지만, 한 가지 올바른 의미에서만 그렇다. 이 단어는 타국에서보다 쉽게 생산되는 상품을 거래하여 서로 간의 상호이익을 추구해야 함에도 그렇게 하지 않으려는 비뚤어진 태도를 의미하는데, 실은 단지 뭔가가 잘못되었음—유대 관계의 결핍—을 암시할 뿐이다. 무역을 기피하는 태도는 분명히 자연스럽지는 않지만, 채찍을 쥔 타국으로부터 금전적 압박을 피하기 위해 "경제 민족주의"에 빠질 수밖에 없는 국가들의 사례는 낯설지 않다.

와야 할 돈은 오지 않고 상대 국가는 제값을 지불할 생각이 없었지만, 그런 국가들은 물물교환, 즉 재화를 재화로 교환하는 직접적 교환을 통해 실질적 거래에 참여할 의향이 있었고 심지어는 간절히 열망했다. 거래가 삶의 토대라는 것은 헛소리이다. 결국 남는 것은 없다. 서로 상대방의 것을 가로채어 살아갈 때 남는 것이 없는 것과 마찬가지이다. 누군가의 "이윤" 창출을 위해 전 세계에 걸쳐 물품을 수거하는 것은 터무니없는 일이다. 물품은 필요한 곳에서 생산되는 것이 훨씬 낫다. 이러한 제안을 하는 이유는 생산이 인류에 대한 범죄가 되지 않게 하기 위해서이다.

무역과 예술

그러나 자급자족의 문제 전체에는 훨씬 더 근본적인 측면이 있다. 조직, 국가, 또는 세계의 활력은 그 구성요소들의 활력에 달려 있다. 구성요소들이 과도하게 분산되면 연결의 약화로 활력이 떨어진다. 따라서 한 국가나 세계를 구성하는 소단위들의 내적 관계가 너무 느슨해지면 그것들이 갖는 단위로서의 활력은 약해질 것이고 성격과 개성을 잃어버릴 것이다. 농장, 지역, 국가가 달성한 생체적 자급자족의 정도가 높을수록 더 살아 있고 활발하고 창의적일 것이며, 그렇게 되면 이웃과의 교환은 더 적어지는 것이 아니라 증가할 것이다. 단위들이 개별적일수록 그러한 교환은 이웃들에게 더 많은 활기를 불어넣을 것이다. 우리 각자가 자신의 내면에 더 많은 활기를 불어넣을수록 다른 사람들의 삶에 더 많이 기여할 수 있다. 진정한 생동감은 외부에서가 아니라 내부에서 비롯된다. 그것은 내부적 자급자족의 표시이며 그것이 바로 활력인 것이다.

따라서 무역은 활력의 증상일 때에만 좋은 것이며, 결코 그 자체로 활력을 생산할 수 없다. 실제로 그것은 아무것도 창조하지 않는다. 창조하는 것은 장인이며, 장인정신은 무역의 하인이 될 때 쇠퇴한다. 농업은 가장 위대한 공예품이다. 그리고 그러해야 한다. 공예는 예술에 합치되기 전까지는 완전성에 도달하지 않는다. 농업도 마찬가지이다. 그 자체로는 완전함이 목표가 되어야 하지만, 그 접근은 점진적으로 이루어져야 한다. 완벽은 아름다움을 의미한다. 예술의 아름다움은 우리 모두의 어딘가에 존재하는 완전성에 대한 충동의 꽃이다. 우리는 농업에서 재무적 효율성만을 열렬히 추구함으로써 그 충동을 억압해왔다. 굴뚝을 아름다운 마감재로 처리하거나 농장 수레에 우아한 곡선을 조각하는 것은 더 이상 가치 있는 일로 여겨지지 않는다. 그러한 것들이야말로 진정한 활력의 꽃이다. 그것들은 수익성의 계산에 들어갈 수 없기 때문에 탈락했다. 농업은 점점 더 죽어가는 과학, 생명력 없는 예술이 되었다.

아름다움과 "장소의 정신"

모든 예술가는 먼저 장인이어야 한다. 농업은 삶의 예술이

지니는 공예적 측면이다. 그것이 바로 우리가 잃어버린 것인 듯하다. 그와 함께 조지 스테이플던 경이 "장소의 정신"이라고 부르는 것이 사라졌다. 영국을 그처럼 사랑스러운 땅으로 만든 것이 바로 그것이었다. 더러는 영국의 전원이 매력을 잃은 데 대해 미약하게 항의하고 농촌의 보존을 위해 협회를 설립한다. 나는 그들의 행운을 빌며 성공을 기원한다. 그러나 그들은 시초로 돌아가 매력이 활력에서 나온다는 것을 깨닫기 전에는 결코 성공하지 못할 것이다. 활력 외에는 아무것도 농촌을 보존할 수 없다. 우리는 우리 자신에게와 마찬가지로 우리의 국가에 대해서도 건강의 모방을 더이상 원하지 않는다. 어떤 경우에도 명백한 고통과 범죄를 피하거나 억압하는 것만으로는 충분하지 않다. 우리는 선한 것을 창조해야 한다. 우리는 잃어버린 것을 더 나은 것으로 대체해야 한다. 순전히 유흥적이고 감상적인 전원 애착을 장려함으로써 대체를 시도하는 것은 헛된 일일 뿐이다. 그러한 시도는 사람들의 생각을 본말이 전도된 완전히 잘못된 방향으로 이끄는 데에 시간과 에너지를 낭비하기 때문에 오히려 더 나쁠 것이다.

과거 영국 농업은 장소의 정신으로 가득 차 있었다는 것이 그 특징이었다. 그러한 상태로의 복원에 대한 우리의 본능적 갈망과 전원생활의 예술적 측면에 대한 가치 부여는 전원생활을 보존하기 위한 협회의 설립보다 훨씬 더 건전한 형태로 원예에 대한 국민적 사랑에서 드러난다. 원예 활동에는 우리의 가장 훌륭한 전통의 많은 부분이 소중히 간직되어 있으며, 추악한 도시의 유혹이 확산되고 있음에도 여전히 살아있다. 원예에 대한 우리의 사랑은 훨씬 더 큰 무엇인가로 피어날 수 있다. 원예의 확산은 커다란 희망의 원천이다. 위대한 원예가 레지널드 패러^{Reginald Farrer}는 다음과 같이 썼다.

그리고 현재 도처에서 우리를 둘러싸고 있는 고뇌의 격변 속에서, 만일 당신들이 아름다움과 꽃에 관한 이 모든 말을 무의미한 헛소리라고 단언한다면, 나는 당신들이 틀렸고 당신들의 관점은 거짓이라고 말하지 않을 수 없다. 필멸의 운명과 왕국은 덧없으나, 아름다움의 성스러운 장소는 내일 떨어질 꽃잎 속에 깃들며, 영원히 불멸한다. 전쟁과 고통은 인간의 길을 가로질러 드리워진 그림자일 뿐이다. 모든 만물의 끝은 연속적인 각각의 것들처럼 보이지만, 인간은 끊임없이 나타나 앞으로 나아가며, 항상적인 유혹 속에서, 삶의 모든 희망과 즐거움의 형상을 띠고 나타나는 불멸의 **아름다움-사유**에 환호하고 고취된다. **"전쟁 속에서 꽃은 침묵한다**_Inter arma silent flores_"는 말은 참이 아니다. 반대로, 파멸의 추락 속에서 우리의 온전성과 생존은 그 어느 때보다도, 대포 위로 솟아오르는 고요한 작은 음성에 귀 기울일 수 있는 힘에 달려 있다. 오고 가면서도 항상 그곳에 있는 삶의 작고 조용한 것들에 천착하는 힘, 인간이 생명을 바쳐 만들어낸 재앙 속에서도 꺼지지 않는 하느님의 등불을 붙들 수 있는 힘에 달려 있다.

1916년에 중국에서 쓰인 이 글은 오늘날 여전히 생생하게 다가온다. 여전히 우리의 경제에서 이러한 "조용한 작은 것들"의 자리가 없는 것을 보면, 그때 이후 우리는 많은 것을 배우지 못했음이 틀림없다. 거기에 돈이 있을 자리는 없다.

제4장

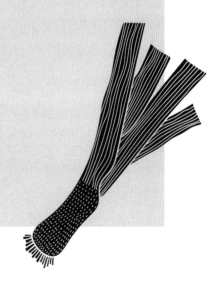

자각의 필요성

치료로 제거되지 않는 큰 불편과 통증을 겪고 있는 환자는 의사가 그의 불만의 실제 본질을 잘못 이해할 때 가장 비참한 상태에 처한다. 장기간의 과격한 치료가 필요한 심각한 상태라는 진단이더라도 진단이 내려지기만 하면 그의 불행은 크게 덜어진다. 그는 이제 끈기와 희망을 가지고 순순히 치료를 받을 수 있다. 거시적으로 봤을 때 대다수 인류는 이 가상의 환자가 진단을 받기 전과 다르지 않은 상태에 있는 것 같다. 하지만 이 비유를 너무 멀리 밀고 나가서는 안 된다. 우리는 환자인 동시에 의사이고, 우리에게 필요한 것은 치료가 아니라 삶에 대한 새로운 관점인 듯하므로. 그럼에도, 정말로 무엇이 잘못되었는지 알아낼 수만 있다면 최악의 상황은 끝날 것이다. 우리는 무엇을 해야 할지 알고, 너무 걱정할 필요가 없음을 알고, 다시 한 번 진정한 목적을 가진 사람이 될 것이다. 그때 우리는 어려운 일일지라도 용기와 확신을 가지고 진정 해야 할 일을 할 것이다.

그래서 가장 중요한 것은 우리의 조건에 근본적인 것이 무엇인지를 찾아내는 것이다. 여기서 "우리"란 권력이나 영향력을 가진 정부나 소수의 사람들뿐 아니라 모두를 의미한다. 이 발견의 첫 단계는 우리가 처한 곤경의 본질과 규모를 깨닫는 것이다. 그 본질이 넓은 의미에서 생물학적인 것이며, 그 규모가 쉽게 생각하는 것보다 훨씬 크다는 사실을 깨닫는 일이다. 돈의 손실, 활력의 손실, 전쟁에서 굶주림의 위험은 아마도 거짓된 삶의 철학이 확산되는 데 지불한 가격보다는 적을 것이다. 그러한 철학은 삶의 계획에서 인간의 진정한 위치를 충분히 고려하지 않은 철학이다. 우리의 정치적, 경제적 문제의 대부분은 생물학적 상황이 반영된 것이다. 그것들은 원인이 아니라 증상이다. 그러므로 직접적이고 개별적인 대처 방안을 고안하려는 노력은 실패할 수밖에 없다. 그 방안들에는 건전한 공통의 배경이 결여되어 있기 때문이다.

과업의 성격

진정한 과제는 정부 기계의 재건도 아니고 무역, 상업, 생산 기계의 재건도 아니며 활력의 재건이다. 물론 일차적으로는 인간의 활력이지만, 진정한 활력은 지구상의 거의 모든 생명체와 분리될 수 없다. 이는 진실로 초인적인 과업이지만, 우리가 기본적인 것으로 받아들이는 모든 것 위에 있는 과업

이다. 그러므로 그것은 나날이 더욱 시급해지고 더욱 거대해
진다. 우리는 죽음의 권력들에게 명령의 지위를 허용해왔다.
그것들을 그 지위에서 끌어내리는 임무는 지금까지 인류가
직면한 가장 큰 일이지만 다른 모든 것보다 먼저 성취되어야
하는 일이다.

이 작업이 땅에 대한 적절한 관심에서 시작해야 한다는
말을 반복해야 할까? 비옥성의 손실과 사막의 확대를 막아
야만 한다. 사막은 이제 매우 빠르게 확장되고 있다. 인류가
그 확장에 저항하기 위해 모든 장치를 동원해 모든 힘을 기
울였더라도 구할 수 없었을 광대한 지역이 있다. 사막의 계
속된 확대는 피할 수 없지만, 세계 기아가 불가피해지는 정
도에 이르기 전에 어느 시점에서 저지되어야 한다. 그 시점
은 매우 불편하게 가까이에 있을 수도 있다. 가장 먼저 해야
할 일은 이런 일들이 점점 더 나빠지지 않도록 막는 것이다.
희미한 미래에 언젠가 사막화를 저지할 수 있게 되면 비로
소 우리는 삶을 위해 잃어버린 것의 일부분을 되찾는 일을
시작할 수 있을 것이다.

죽음의 힘에 맞서는 삶의 힘

상호 파괴적인 방법에 전념하고 있는 기계력에 대한 우리의 거의 무제한적 명령은 좀 더 이성적인 목적으로 바뀔 수 있고, 말하자면 우리를 위한 일의 큰 부분을 담당할 수 있다고 생각할지 모르겠으나, 그조차도 망상이다. 기계력이나 화폐의 힘과 같은 죽음의 힘은 생명의 힘에 의해서만 극복될 수 있다. 사막은 항상 불확정한 경계선에서 마멸 과정을 거치며 생활 지역으로 침범해 들어오며 확장하기 때문에, 사막화는 그 역방향으로 작동하는 과정에 의해서만 제지될 수 있다. 이러한 반전은 강한 생명의 힘에 의해서만 성취될 수 있다. 비옥도가 낮은 곳에서 이 힘은 약할 수밖에 없다. 사막의 실제 영향력은 그 경계선을 넘어 무한히 확장되고 있다. 사막의 침범이 시작되는 조건은 그 경계선으로부터 수 마일, 수백 또는 수천 마일 떨어진 곳에서 시작된다. 그러므로 생명을 위한 정복의 과정은 사막의 안쪽이나 가까운 곳에서 시작되어서는 안 되며, 생명이 여전히 비교적 강한 곳에서 시작되어야 한다. 정복은 점차적으로 참을성 있게 그러한 지역에서 불모화된 지역으로 확장될 수 있으므로, 그러한 지역은 생체적으로 완전하고 건강한 중심이 될 수 있다. 그렇게 될 때에만 그곳의 영향은 혜택을 덜 받은 지역으로 확장될 수 있고, 궁극적으로 죽음의 행진의 방향을 바꿀 수 있다. 결국 먼 미래에는 인간에 의해 새롭게 만들어진 사막뿐 아니라 이미 만들어진 사막에서 사막 내부의 생명이 사막을 공격하는 일을 생각할 수도 있을 것이다.

침식의 전쟁

이는 우리가 무엇을 시작하든 그 전에 농사짓는 법을 다시 배워야 한다고 말하는 것만큼이나 중요하다. 비옥성 상실의 영향을 가장 덜 받는 장소를, 생체적으로 완전하고 자급자족적이며 건강한 곳으로 바꾸는 방법을 배워야 한다. 거의 모든 경작지 또는 경작 가능한 토지가 현재 훼손되고 있는데, 그 추세를 반전시키는 것, 가장 쉽게 할 수 있는 곳에서 그러한 경향을 반전시키는 일이 첫번째 임무이다. 이 나라와 같은 천혜의 장소와 유럽, 인도, 중국, 러시아, 그리고 아메리카 대륙의 많은 지역과 같이 농업의 건전한 전통이 여전히 존재하는 곳에서 말이다.

새로운 생명이 발산할 수 있는 중심들을 설립하는 것만이 유일한 탈출구이다. 문제들은 그 기저에 있는 질병이 드러내는 더 명백한 증상으로 인해 발생하는 것이기 때문에 주먹구구식으로 적용된 단편적인 방법으로는 해결될 수 없다. 토양침식은 그렇게 취급될 수 있는 고립된 현상이 아니라 증상이다. 침식과 싸우기 위해 지금까지 수행된 많은 작업은 문제의 원인을 제대로 건드리지 못했다. 예를 들어 최근 몇 년 동안 널리 퍼진 비참한 홍수를 조절하기 위해 미시시피강에 거대한 시설과 댐이 건설되고 있다. 이 댐은 반드시 필요하며 홍수가 훨씬 악화되지 않는 한 도움이 될 수 있다. 그러나 홍수가 악화되는 것을 막을 수 있는 유일한 방법, 미시시피강이 제2의 황허강이 되는 것을 막을 수 있는 유일한 방법은 그 근원에서 홍수를 조절하는 것이다. 그 근원은 미주리강과 아칸소강의 집수 지역을 포함하는 강 전체의 집수 지역으로, 100만 제곱마일 이상에 달한다. 그 지역의 많은 부분에서 표층토는 흡습성을 잃어버려 더 이상 폭우를 흡수하거나 점차적으로 물을 방출하지 않는다. 지피식물과 숲은 파괴되었다. 해면질과 지의류는 부식토가 토양으로 복원될 때에만 돌아올 수 있다. 말하자면 미시시피강 집수 지역의 광범위한 부분에 걸쳐 충분한 흙이 있는 지역에서는 토양이 완전히 또는 부분적으로 유실되었다. 이 오래된 지역의 복원은 아마도 수 세기 동안 불가능할 것으로 생각된다. 그러나 충분한 토양이 남아 있는 곳에서는 건전한 혼합 농업과 신중한 나무 심기로 부식토가 점차적으로 회복될 수 있다. 회복이 진행되는 동안에도 침식은 여전히 계속되며, 아직 완전히 벌거숭이가 되지 않은 많은 토지가 회복 불가능 판정을 받고 버려질 것이다. 그것은 모든 유효한 기술과 자원을 요구하는 느리고 힘든, 수 세대에 걸친 집약된 노력을 요하는 과업이다. 공학적 작업은 필요하지만 상대적으로 작은 부분일 뿐이며, 토양의 개별 경작자가 수행하는 역할에 부수적으로 덧붙여질 뿐이다. 이제까지 전쟁에 의해서만 촉발되었던, 개인적인 노력과 협력의 결합은 가장 할 일이 적다. 이 일에 참여하는 이들은 수십 년 동안, 아마도 수 세기 동안, 먼 훗날을 위한 후방 경계 활동으로 고군분투할 것이다.

복원 작업을 미루는 구실로 삼지만 않는다면 약간 위안이 될 수 있는 사실은, 현재의 세계 인구가 세계 총 경작 면적보다 훨씬 작은 면적에서 살 수 있고 그러면서도 잘 살 수 있다는 사실이다. 그러나 그들은 노력과 관심을 흙에 집중해야 하고, 익숙한 많은 외부적인 자극제 없이 그렇게 해야 할 것이다. 그렇게 하기로 선택했더라면 그들은 지금 우리 대부분이 누리는 것보다 훨씬 더 만족스러운 내적 삶을 향유할 수 있었을 것이고, 지금 우리가 나아가기 위해 필요로 하는 외부적 자극제를 아쉬워하지 않을 수 있었을 것이다.

천혜의 땅 영국

이 나라에 태어난 우리는 매우 운이 좋다. 우리는 잘 분포된 도서 지역 강우량과 풍부하고 다양한 토양을 가지고 있으며, 이는 주로 나무, 관목, 초본이 지닌 놀라운 자연적 활력에 의해 보존되어 우리에게 주어져 있다. 이 토양은 실제로 우리가 가장 필요로 하는 모든 것을 생산할 수 있는 매우 유리한 조건으로 회복될 준비가 되어 있다. 하려고만 들면 우리는 건강한 경작에 곧바로 참여할 수 있다. 우리는 다른 많은 나라처럼 필사적인 죽음과의 경쟁에 뛰어들 필요가 없다. 타국의 수입품에 계속 의존할 것을 선택하지만 않는다면 말이다. 그렇게 하기로 결정한다면 우리는 몇 년 안에 대부분의 수입품 없이도 살 수 있을 것이다. 그렇다고 해서 부주의하게 서둘러야 한다는 말은 아니다. 소모적 농업과 구별되는 참된 농업의 특성을 언제나 명심하고, 생산성 요인들을 거래하기만 할 뿐인 거짓된 농업과의 구분을 항상 염두에 두고 올바른 방식으로 설정하는 것이 훨씬 더 중요하다.

　시작할 시간과 장소는 단 하나뿐이고 지금 여기에 있다. 공장이나 상업적 전망의 채택이 경제의 가장 큰 영향 요인이라는 미망에 빠져 더 중요한 고려를 잊어서는 안 된다. 영국 농업이 다시 한 번 국가 생활의 기초가 되고 그 어느 때보다 확실한 근본이 되려면, 농업뿐만 아니라 모든 활동에 대한 현재의 태도는 근본적으로 변화해야 한다. 그러한 변화가 올바른 종류인지 아닌지는 그 목표뿐 아니라 그것을 가져오기 위해 채택된 수단에 달려 있다. 증상을 원인으로 착각하고, 증상을 다루려고 시도하면서 원인을 무시하는 것은 너무나 쉽다.

조직과 계획

대부분의 사람들은 이상적인 개념의 실천에 대해 생각할 때 조직 측면에서 문제를 생각하는데, 이는 오늘날 널리 퍼져 있는 원인들에 의해 개인들이 겪고 있는 모호하고 이해할 수 없는 위축된 무력감 상태의 하나이다. 사람들은 심지어 "번영의 조직화"에 대해 진지하게 말하며, 마치 번영이 공식으로 환원될 수 있는 것처럼, 그리고 올바른 조직화만 가능하다면 모든 것이 잘될 것처럼 이야기한다. 이것으로도 이미 충분히 나쁘지만, 올바른 조직화라는 것이 일정 수준의 조직에 대한 권위의 부여와 구별되지 않는다면 더욱 나쁘다. 조직에 대한 숭배는 비교적 총명하거나 지적인 많은 사람이 지지할 만큼 큰 힘을 얻었다. 조직 숭배의 옹호자들은 종종 의식적으로 지적 우월성을 드러내는데 이는 겸손의 부족을 보여줄 뿐이다. 마음속에서 인류 대중을 경멸하지 않는 한 조직이나 계획 같은 것들을 인간 사회의 적절한 토대로 진지하게 간주하는 것은 불가능하다.

국가의 통제를 싫어하는 사람들도, 국가도, 모두 조직과 계획을 "산업의 선장들"을 통제하는 일로 생각한다. 정당들은 주로 그들이 부과하고자 하는 통제의 종류에서 의견의 차이를 보인다. 좌파는 국가에 의한 통제의 행사를 옹호하고, 우파는 충분한 영향력을 가질 수 있는 사람이라면 누구라도 통제를 행사할 수 있다고 주장한다. 불행히도 현재의 상황에서 그렇게 할 수 있는 유일한 사람은 충분히 부유한 사람들뿐이다. 자유방임주의가 그처럼 비판받는 이유가 바로 그것이다. 침식이 만연한 곳에서 어떤 종류의 계획은 제 역할을 할 수도 있다. 그러나 그것은 동의에 의해 계획되어야 한다. 계획의 수립은 본성상 대다수에게 영향을 미치는 반면, 마음과 몸의 건강은 사람의 내면에 영향을 미친다. 계획만으로는 사람이 아니라 기계를 바꿀 수 있을 뿐이다. 계획만으로 시행될 수 있는 모든 것은 현재의 상황보다 좋거나 나쁠 수 있지만 여기에는 본질적인 모든 것이 결여되어 있다.

정부의 정책

아직 우리는 이러저러한 형태의 계획에서 출구를 발견할 수 있을 것처럼 기대를 걸고 있으며, 특히 정부가 우리를 위해 모든 것을 처리해줄 것으로 기대하고 있다. 그것은 우리의 습관이 되었다. 지금까지 모든 정부가 할 수 있었던 것, 상업적, 재무적 고려에 묶인 채로 실패를 거듭하며 미미하게 노력해온 것은 그나마 얼마 남지 않은 농부들이 파산을 면하게 하는 것뿐이었다. 그 결과는 약간의 땜질이었고, 그마저도 대부분은 잘못된 방향으로 이루어졌다. 그렇게 말할 수 있는 이유는, 농부들을 위한답시고 정부가 최근에 기울인 노력에도 불구하고 농부들은 예전보다 더 나쁜 상황에 빠졌기 때문이다. 그러한 노력은 다양한 형태를 취해왔는데, 무엇보다도 우리가 모든 것의 기초로 생각하는 "비즈니스"를 방해하지 않기 위해 조건화되었으므로 모두 그다지 쓸모가 없었다.

예를 들어 확장된 신용장치는 기존 부채 부담을 하나의 어깨에서 다른 어깨로 옮기거나 기존에 이미 과도했던 부담에 새로운 부담을 직접적으로 추가한다. 토지 정착 계획은 협동 구매 및 판매에도 불구하고 상대적으로 효과가 없었다. 모든 농민이 겪는 다양한 종류의 거시경제적, 정치적 압력을 완화하는 데 거의 도움이 되지 않기 때문이다. 마케팅 계획은 때로는 완화제로 작동하지만 위기와 같은 것이 오면 붕괴될 수밖에 없다. (그러지 않으려면 그 일부가 현재 그러하듯이 사실상 은폐된 보조금이 되어야 한다.) 그들은 가격을 유지하기 위해 생산 제한에 상당한 정도로 의존한다. 그들은 농업에 대한 대규모 통제를 단호하게 지향하는 경향이 있다. 그들은 가장 필요한 것, 즉 생산자와 소비자를 더 가깝게 만드는 일을 정확하게 수행하지 못한다. 다른 한편으로는 대량 취급에 주된 관심을 가지고 있는 위원회에 영향력을 집중시키고, 궁극적으로 그러한 취급을 용이하게 하기 위해 농업 규제로 이행할 가능성이 크다. "토지 비옥성 계획"이라는 바로 그 이름은 대중을 속여서 무언가가 실제로 행해지고 있다고 착각하게 하기 위해 고안되었을 수도 있지만, 실상은 사소하고 피상적이다. 비료용 염기성 슬래그[1]는 인산염의 한 형태이며, 그 세계 매장량은 매우 제한적이다. 그것은 일부 토양에서 클로버의 증식을 돕는다. 석회는 기존의, 또는 잠재적인 비옥성을 사용할 수 있게 해주고, 그것이 주된 목적이다. 석회는 산성 토양에서 목적한 대로 비옥성을 축적해주는 역할을 할 수도 있지만, 거기에는 위험이 있다. "두엄 없이 석회만 퍼부으면 땅도 농부도 모두 가난해진다"는 오래된 격언이 말해주는 진실은 토지 비옥성 계획하에 머지않아 대규모의 실제 상황으로 이어질 수도 있다. 옛 격언에서 말하는 "두엄"이 유기농 거름을 뜻함은 물론이다. 이러한 상황이 바로 우리 농부들이 복종해야 하는 정치적 책략이며, 농부들은 자신들을 그 책략의 동반자로 믿고 있다. 현재 가장 두드러지는 위험 중 하나는 전쟁이나 경제 위기에 대한 두려움을 통해, 오직 조직에 기반하여 땅에서 가능한 모든 것의 추출을 목표로 하는 일종의 개혁이 추진될 수 있다

---

1 광석 제련 후 남은 찌꺼기이다.

는 것이다. 당연히, 화이트홀[2]에서 농사를 지으려 해도 소용이 없다.

농업을 염려하는 기관은 정부 외에도 많다. 그중 매우 영향력 있는 기관이 갖는 태도의 사례로, 국제밀회의가 1939년 초에 이른바 "보호식품"의 생산을 장려하기 위해 선전 기관의 설립을 고려하고 있었다는 사실은 흥미롭다. 보호식품이라고 불리는 식품은 대략 녹색채소, 우유 및 계란이며 밀은 아니다. (만일 우리가 밀 재배에 다소 어려움을 겪고 그것을 다 소비해버렸다면 밀도 보호식품이 될 수 있겠지만, 그런 상황은 보통 일어나지 않는다.) 이 제안의 목적은 밀의 재배를 감소시켜서, 소위 축적된 잉여물의 가격을 유지하는 것이었다. 이런 것이 바로 오늘날 우리가 하는 일의 이유이다. 녹색채소의 재배가 좋은 일인지 아닌지는 회의에서 중요하지 않았고, 적어도 똑같이 합리적이고 바람직한 밀 상인들의 관점에서 "보호식품"을 깎아내리는 선전이 가능한 시장 상황이 언제라도 발생할 수 있다는 것도 중요하지 않았다. 그 당시 중국에

---

2 [원주] 제2차세계대전이 시작된 지 불과 1년 후 저자가 동부 켄트 전쟁농업위원회의 위원장으로서 마지못해 화이트홀에서 농사를 지었다는 사실은 흥미롭다.

서 6,000만 명이 돈 없이 집에서 쫓겨나 굶주리고 있었다는 것—돈이 없는 곳에는 이윤도 없으므로—도 중요하지 않았다. 이것이 바로 우리가 "불변의 경제법칙"이라고 배운 것이 작동할 때 그 뒤에서 강제되는 현실이다.

민간단체

농업에 관심을 가지고 있는 다른 종류의 기관으로는 민간 협회와 단체들이 있다. 농업협회, 토지정착협회, 농민연맹 등이다. 이러한 단체들의 중요성은 막대하지만, 대부분은 상업적 틀의 외부에서는 해야 할 일을 수행하지 못하고 있다. 그 회원들의 관심과 활동은 반드시 그러한 틀에 의해 지배되기 때문이다. 하지만 소수의 투쟁에는 희망이 있다. 전국농민회 총연합의 정신은 농산물 가격의 고정을 지향한다. 그 정책은 또한 농촌재건협회에 의해 옹호되었다.

이는 초점에서 빗나간 것은 아닐지 몰라도, 특히 산업에 비해 농업의 지위가 갖는 고유성이, 그리고 여타 상품에 비해 식품이 갖는 중요성이 일반적으로 인정되지 않을 경우 중대한 위험을 초래할 수 있다. 농장 생산물 가격 고정 정책이 공장 제품 생산자의 강력한 산업적 이해관계에 말려들면 일종의 정치적 가격 전쟁에서 유사한 성격의 요구로 이어질 수 있을 뿐만 아니라, 농민의 운명은 가격 결정권자의 자비에 좌우될 가능성을 피할 수 없다. 가격 결정권자는 사실상 농업의 독재자가 될 것이고, 그 구조가 아무리 천진스럽게 꾸며진들 그것은 일어날 수 있는 최악의 가능성 중 하나이다. 심지어 일부 마케팅 계획에 수반되어 수정된 가격이 고정되었을 때 이는 농업 규제에 대한 요구를 일으켰다. 그 요구의 첫번째 단계는 농부들에게 일종의 효율성 시험을 강제하자는 것이었다. "효율성"이 필수라고 한다면 도대체 그것을 올바르게 해석할 수 있는 가능성은 얼마나 될까?

그러나 실제로는 어려운 상황을 극복하기 위해 행정 및 기타 모든 종류의 조치가 필요할 수 있다. 토대를 빠르게 바꾸거나 주문하는 것은 불가능하다. 정말로 중요한 것은 정확히 어떤 조치를 취하는가가 아니라 그 배경, 정신, 그 뒤에 있는 상황에 대한 진정한 이해이다. 토대에 대해 올바르게 사유한다면 그러한 사유와 일치하는 방편들은 저절로 따라나올 것이다. 그러므로 우리는 다시 상황에 대한 이해가 가장 먼저 필요하다는 지점으로 되돌아간다.

영국 농업 개발의 한계

이제 한 걸음 더 나아가 국가로서, 그리고 개인으로서 우리는 농업을 우리 삶의 적절한 위치로 가져오기를 원하며, 왜 그렇게 하고 싶은지, 그리고 그처럼 중대한 개발이 필요한 진정한 이유는 무엇인지, 그리고 그러한 개발은 어떠해야 하는지 이해한다고 가정해보자. 그런 다음에야 개발의 양적, 질적인 실질적 한계를 고려할 수 있다.

먼저 양적으로 고찰할 때 우리 땅의 대부분은 현재 매우 낮은 수준의 농업생산성을 보이고 있다. 통계를 인용할 필요도 없이, 일부 개인 주택에 딸린 채소밭, 상품용 채소 농원, 높은 비옥도를 지닌 농장과 같이 매우 생산적인 파편들이 있음은 분명하다. 이 땅들은 그와 같은 방식으로 개발되지 않은, 잠재적으로 똑같이 생산적이지만 버려진 토양으로 이루어진 지역 내에 섬으로 자리잡고 있다. 각 종류의 내재적 잠재력에 따라 모든 종류의 토지가 가장 높은 비옥도 상태로 상승된 경우 생산될 수 있는 양을 사정하기 위해 현재 생산에 적용해야 하는 곱셈 계수를 추정하는 것은 매우 어렵다. 물론 토지를 그러한 상태로 가져올 때의 모든 실질적인 어려움은 잠시 무시된다. 그 계수는 확실히 높은 숫자일 것이고, 2를 훨씬 초과할 것이다. 그 까닭은 이러하다. 영국이 덴마크를 모방해 덴마크의 토지 활용도에 해당하는 양의 수출을 시도하려 한다면, 영국은 현재의 가격으로 연간약 2억 4,000만 파운드 가치의 현재 농업생산량 전량을 수출함과 동시에 현재보다 훨씬 많은 정도로 자국민을 먹여야 한다. 그리고 덴마크의 토양은 우리보다 자연적으로 비옥하지 못하며, 덴마크의 농업은 더 집약적이지만 우리의 상품용 채소밭 표준에 미치지 못하고, 자가용 채소밭의 기준에도 미치지 못한다. 반면에 그 계수는 51보다 작을 수 있는데, 이는 에이커당 최대 영구 거주민(17세 이상)의 수치를 3으로 곱한 값이다. 이러한 계산 결과는 수학으로 농업을 계산하는 특이한 시도를 보여주는 윌콕스$^{Oswin\ William\ Willcox}$ 교수의 저서 『국가는 자가 생산만으로 유지될 수 있다$^{Nations\ can\ live\ at\ Home}$』에서 나온 것이다. 이 책에 따르면 현재 우리는 1에이커당 3분의 1명을 유지하고 있는 것으로 나타난다. (실제로 영국에는 약 1.3에이커당 1명이 살지만, 우리는 거기서 우리가 소비하는 식량의 44퍼센트만을 생산한다.) 일본은 경작 가능 토지 면적당 3명을 먹여 살린다. 그러나 일본인의 식량은 우리의 기준에서 보면 빈약하며, 우리의 상황이 3에이커당 1명이라는 것은 경작 불가능한 땅을 고려하지 않은 결과이다. 따라서 일본과 우리 사이의 비교를 근거로 9라는 수치를 제시하는 것은 타당하지 않다.

안전성을 위해서는 5도 불합리하지 않다. 이는 윌콕스 교수의 저작에서 도출된 수치의 10분의 1에 불과하다. 그것은 지금처럼 4,500만 명의 인구 중 44퍼센트를 먹여 살리는 대신 지금처럼 1억 명, 즉 현재 인구의 두 배 이상을 부양할 수 있다는 것을 의미한다. 다시 말해 현재 가격으로 연간 20만 파운드의 생산량을 우리 자신의 토양에서 달성할 수 있다는 것이다. 그것조차도 일본이 지금 하고 있는 것보다는 적을 것이다. 일본인들은 비교적 건강하며 외국 탐험을 위해 여분의 많은 자원을 가지고 있는 것 같다. 이 모든 것의 결론은 이 나라에서 농장 생산량의 물리적 상한선이 너무 높고 현재의 총 요구보다 훨씬 크기 때문에 우리가 관심을 가질 필요가 없다는 것이다.

물론 현재의 실질적 유효 생산의 양적 한계는 물리적 현실과 크게 관련 없는 원인에 의해 발생한다. 그러한 한계는 대략 실질생산비보다 낮은 가격으로 식량을 수입한 후 무방비의 농부에게 지급되는 금액에 상응하며, 수입된 식량의 양은 외국에 대출해준 뒤 얻을 수 있는 이자에 상응하는데, 이 금액은 과도하게 복잡하고 상대적으로 보호된 분배 조직이 먼저 가져간다. 앞에서 "실질생산비"라는 용어를 사용한 이유는 다음과 같다. 모든 식품이 금전적 생산원가 이하로 수입되는 것은 아니지만, 대부분은 원산지의 비옥성과 건강을 희생하여 수입되기 때문에 소위 생산 단가 낮추기는 토양의 유실과 비옥성의 손실로 이어진다. 이러한 손실은 금전적 비용으로 계산되지 않는다. 그럼에도 그것들은 매우 실제적인 **비용**을 나타낸다. 돈으로 표현되거나 지불될 수 있는 것은 덜 중요한 부분들뿐이다. 이 나라에서 수입식품이 판매되는 가격이 실질생산비 및 유통비를 나타낸다고 가정하는 것은 처참한 오류이다. 비옥성을 명목상의 화폐가치로 나타낼 수 있다면 그 비용은 엄청나게 높을 것이다.

영국에서 식량 자급의 가능성

질적 측면에서 볼 때 개발의 끝은 완벽함이고, 그것은 달성 불가능하다. 무엇보다도 품질을 목표로 하는 한 명백한 재무 비용은 높은 것처럼 보일 수 있다. 그러나 우리가 질적인 면을 돌보는 데 성공한다면 양은 따라올 것이다. 최적의 조건은 질과 양 모두에 대해 동일하며, 진정한 의미의 질은 단순한 시장성에 가까운 왜곡된 현대적 의미에서의 품질이 아니라 우리가 도달해야 할 목표이다. 어쨌든 영국인인 우리는 누구보다도 완벽에 가까워질 수 있어야 한다. 우리는 아마도 풍부함과 다양성의 결합으로 인해 세계 어느 곳과도 비교할 수 없는 토양과 기후를 가지고 있다는 점에서 모든 국가보다 조건이 좋을 것이다. 다양성은 풍부함만큼이나 중요하다. 그것이 아마도 우리가 과거에 세계에서 가장 좋은 가축을 생산한 이유일 것이다. 그리고 땅에서 활력과 자질을 이끌어내는 모든 종류의 "가축" 중 우리 자신보다 중요한 것은 없다. 그렇다면 영국이 식량 자립을 이룩할 수 있는가라는 질문에 대한 대답은 단호히 "예"이다. 이러한 대답에는 단순한 긍정보다 더 많은 것이 들어 있다. 영국이 올바른 방법으로 목표를 설정한다면 영국 국민은 지금보다 엄청나게 나아질 수 있기 때문이다. 더 많은 돈이나 더 많은 것을 소유하지 않더라도 그들은 더 나은 사람이 될 수 있기 때문이다. 그 밖의 어떤 상황도 만족스럽지 못하다. 그러나 목표의 성취에는 오랜 시간이 걸릴 것이며, 우리 경제의 밑바닥에 있는 원칙뿐 아니라 우리의 생각과 욕망의 방향에도 큰 변화가 있어야 할 것이다.

영국에서 식량 자급의 필요성

더 흥미로운 질문은 우리가 이 섬들 내에서 전적으로 또는 현재보다 훨씬 더 큰 수준으로 자립하려고 노력해야 하는지 여부이다. 활력이 상업보다 더 중요하다는 것을 확신하고, 상업의 추구는 그 자체로 활력의 원천이 아니라 희망의 결과일 때에만 정당화될 수 있다고 가정해야 한다. 더 큰 수준의 자립을 추구하는 유일하게 유효한 목표는 다름이 아니라 국민 생활의 기본 조건을 개선하는 것이어야 한다. 그 자체를 위한 자립은 그 자체를 위한 무역만큼이나 헛된 것이다. 예를 들어 모든 종류의 오렌지, 바나나, 또는 계절에 맞지 않는 과일을 우리 땅에서 생산하는 것으로 대체하기 위해 일하는 것은 매우 어려울 뿐만 아니라 분명히 터무니없는 일이다. 많은 사람이 차, 커피, 초콜릿, 포도주를 아쉬워할 것이다. 이것들은 습관적으로 섭취하지만 않으면 무해한 좋은 식품들이다. 따라서 정답은 다음과 같아야 한다. 우리는 해외에서 수입할 수 있는 것보다 우리 땅에서 더 나은 품질의 식품을 생산할 수 있는 한에서 자립을 목표로 해야 한다. 그러나 동시에 질적으로 더 나은 음식은 활력, 개성, 신선함을 가진 음식이라는 것을 기억해야 한다. 올바르게 재배된 음식,

올바르게 보이는 음식뿐만 아니라 생명의 매개체로서 효과적인, 단순한 자극제나 단순한 충전물이 아닌 음식, 국민을 그들이 태어난 흙에 더 가까이 데려다줄 음식. 수입식품에서 그러한 조건을 충족시키는 것은 쉽지 않다. 실제로 몇 안 되는 기호식품을 위한 무역이 없었더라면 확실히 인류 전체를 위해 더 좋은 일이었을 것이다. 그러나 그러한 무역이 없으면 다른 종류의 무역과 상업이 크게 번성하는 경향이 있으므로 또한 위험할 수 있다.

영국에서 식량 자급의 전망

식량 자급은 우리가 올바른 목표를 염두에 둘 수만 있다면 스스로 올바른 방향과 적절한 규모로 정착될 것이다. 그 목표는 가능한 한 많은 땅을 가능한 한 가장 높은 활력 상태로 개발하는 것이다. 되돌려주기의 규칙을 준수하는 것은 그 목표를 성취하기 위한 첫째 조건이다. 이 규칙은 영양 순환 주기의 아래쪽 절반에 적용된다. 동시에 우리는 전체성의 규칙을 위쪽 절반에 적용해야 한다. 장기간이 소요되기 때문에 수입의 급작스러운 감소에 대해서는 두려워할 여지가 없다. 그사이에 우리는 필요에 따라 주요 식품 및 무해한 기호

식품의 수입을 계속할 것이다. 양적 측면에서 생산량을 늘리는 것은 그리 오래 걸리지 않을 수도 있다. 그러나 그러한 증가는 지속되지 않을 것이며, 결과적으로 상태가 나빠질 수도 있다. 특정 종류의 식품 생산을 목표로 하는 것보다는 땅과 우리 자신 사이의 올바른 관계를 수립하는 것이 훨씬 더 중요하다. 그렇지만 처음에는 보존이 잘 안 되는 식품의 생산을 고려하는 것이 실용적일 것이다. 특히 신선한 채소를 소비 지점에서 최대한 가까운 곳에서 생산하는 것이 좋다. 그러나 올바른 방법으로 생산되지 않으면 그 이득은 환상에 불과할 것이다. 그러한 변화는 집단적이든 개별적이든 국민의 진정한 욕구에 대한 반응으로서만 일어날 수 있기 때문에 오랜 시간이 걸릴 것이다. 권위는 그러한 욕구로부터 발생하는 발전을 지지하거나 방해하는 것 이상을 할 수 없다. 충동은 새롭게 깨어난 욕망에서 나와야 하고, 그러한 전개를 위해서는 입맛에 변화가 생기기를 기다려야 한다. 예컨대 우리의 치아와 배 속이 썩어 문드러진 나머지 수치심과 혐오감으로 어쩔 수 없이 강요되기 이전에 그러한 일이 일어날 수 있기를 바란다.

그러나 같은 종류의 질문은 또 다른 형태로 매우 적절하게 제기될 수 있다. 영국은 머지않아 지금보다 훨씬 높은 식량자급률을 위해 노력하지 않을 수 없을 것인가? 전쟁 때문에 그럴 것이라는 대답은 가능성이 높은 이야기이지만 이 질문의 한 측면만을 본 것이다. 전쟁이 발발할 경우 요구되는 식량 증가는 여전히 더 많은 토양 고갈을 내포할 수 있다. 그것은 진정한 의미에서 자립이 될 수 없을 것이고, 자본에 의존해 생계를 유지하는 일이 될 것이며, 우리는 이전보다 더 나빠질 것이다. 그렇게 되면 활력이 더해지기는커녕 이미 희박해진 보유분을 소진하게 될 것이다. 전쟁, 전쟁에 대한 소문, 이것들은 단지 문제의 시작에 불과하다. 확실히, 그 이유는 토양침식과 비옥성의 상실이 세계 주요 식량 생산지 중 많은 곳에서 너무 빨리 확산된 나머지 세계 기아가 시작되기 전에 저지하지 못하게 될 수도 있기 때문이다. 세계 기아의 가능성은 허황된 추측이 아니다. 그러한 사건은 실제적으로 가능성이 매우 높으며, 비록 현재의 출생률 하락이 지속되고 세계 인구가 전쟁이나 역병으로 감소할지라도 그다지 먼 미래의 일은 아니다. 우리는 전쟁과 아무 관련 없는 매우 긴급한 이유로 우리 자신을 위해 더 많은 식량을 생산해야 하는 입장에 처할지도 모른다. 이러한 우발적 상황에 대한 최선의 준비는 올바른 이유를 염두에 두고 땅과 관련된 문제에 대한 올바른 전망을 즉시 채택하는 것이다. 재난에 대한 두려움만으로는 올바른 전망을 가질 수 없지만, 노력해야 할 방향이 이미 잘 정립되어 있다면 더 큰 노력에 박차를 가할 수 있다.

소모적 농경에 대한 인센티브의 제거

노력의 올바른 방향은 어떻게 확립될 수 있을까? 현재와 같이 소모적 농경에 대한 인센티브가 강한 상황에서는 그 답을 알기 힘들다. 경제적 또는 금전적 압력은 전 세계의 농부들에게 고갈적 방법을 강요한다. 식량 가격 후려치기는 그 일시적 결과이지만 경제체계의 근본이 되고, 농업이 인간의 삶에서 점점 더 실질적 지위를 잃어버리는 악순환적 하향 나선형이 확립된다. 결국 삶의 모든 부문이 그 영향을 받고, 그 각각은 잘못된 방향으로 바뀌어 일반적인 하향 운동을 더욱 촉진한다. 인간 활동이나 사고의 특정 부문을 그 열쇠로 삼아야 할지, 아니면 먼저 그에 대해 따지고 들어야 할지는 의문의 여지가 있다. 사실 모든 것에 대해 각각, 그리고 한데 합쳐 따지고 들어야 하며, 이는 새로운 방향의 생각과 욕망이 주는 영감하에 이루어져야 한다. 제거해야 할 장애물이 있으면 건설적인 작업이 필요한 법이다.

소모적 농경에 대한 주된 인센티브는 경제학의 용어로 설명되었다. 재건 사업의 주요 장애물인 이러한 인센티브를 제거하는 일은 우리 앞에 놓인 가장 시급하고 어려운 과제의 하나이다. 우리 삶은 현재의 경제 및 통화 체계에서 표현되는 잘못된 가치에 의해 통제되고, 더 나은 참된 변화에 대한 희망은 거의 없을지도 모른다. 가치와 함께 체계가 변해야 하며, 변화가 일어나야 하는 방향을 고려하는 것은 필수적이다.

화폐는 상품이 되어서는 안 된다

경제 분야에서는 화폐가 지배한다. 그 이유는, 화폐는 보편적이고 필수적인 교환수단으로 남아 있지만 동시에 상품이 되었기 때문이다. 이는 특히, 신용으로 수익을 창출하는 기능이 공동체에 귀속되는 것을 멈추었기 때문에 일어난 일이다. 왕인 윌리엄 4세는 왕으로서의 자신의 기능—군주제의 가장 필수적인 기능—을 팔아넘겼고, 정부에 의해 대표되는 국민 전체는 그것을 넘겨받은 사람들로부터 자신의 안전을 담보로 하여 돈을 빌림으로써만 화폐를 사용할 수 있다.

화폐개혁의 기본 원칙은 돈이 상품이 되어서는 안 된다는 것이다. 우리는 돈을 대신하는, 환상일 뿐인, 현재의 개인차용증[IOU] 체계가 아니라 실제 돈, 즉 왕의 돈을 가져야 한다. 의심하는 독자는 1파운드 또는 10실링 화폐 앞면에 적힌 말을 신중하게 정독하고 각 단어의 의미를 조심스럽게 고려한 다음, 마음이 내킨다면 **회사[Company]**라는 이상하게 비영어적인 약어의 기원을 탐구해보라.[3] 그런 다음 누락된 것이 무엇인지 생각해보라. 주화에서 왕의 머리는 어디에 나타나 있는가? 어째서 화폐는 그 자체로 왕을 상징하는가? 거기 적힌 말 자체가 바로 개인차용증[IOU=I Owe yoU]인 것이다. 주화를 사용할 권리(예를 들어 임금을 지불하기 위해, 또는 투기를 위해)는 공동 출자 은행에 의해, **신용할 수 있는** 차용인으로 간주되는 사람들의 집단 또는 회사에게 대여된다. 신용에 합당한 차용인은 첫째, 부자여서 대출에 대해 가치 있는 담보를 보

---

3   영단어 "company"는 중세 라틴어 "compania"에서 비롯되었으며 "함께[cum] 빵[panis]을 나눠 먹는 사람"이라는 뜻이다. 바로 뒤에서 설명되지만, 이 단어는 주화를 발행한 은행이 공동 출자된 주식 자본을 바탕으로 하는 합자회사라는 사실을 암시한다.

증할 수 있는 사람들이며, 둘째, 미래에 부채를 이자와 함께 상환할 수 있을 것으로 간주되는 사람들이다. 그들이 돈으로 무엇을 제안하는지는 이러한 고려 사항과 관련되는 경우를 제외하고는 질문에 포함되지 않는다. 차용인이 빚을 갚을 확률은 일시적인 가격 상황을 활용하는 능력이 있는가에 달려 있다. 그렇기 때문에 신용에 합당한 차용인이 되는 농부는 거의 없으며, 그들은 변화하는 조건에 충분히 빨리 적응할 수 없다. 그러나 가격이 상승하는 호황기에는 투기에 사용할 수 있는 통화량이 많으며 그러한 투기는 가격을 더 격렬하게 변동시킨다. 가격 상황은 얼마나 많은 차용인이 **신용할 수 있는** 차용인인지, 그리고 또한 얼마나 많은 **신용할 수 있는** 차용인이 차용을 원하는지에 달려 있기 때문이다. 이러한 상황에서 호황에 속도를 높이고 불황에 거짓말을 할 수 있는 대규모 산업인은 그 어느 쪽도 할 수 없는 농부보다 유리한 입지에 서 있다. 다양한 통화의 상대적 불안정성 속에서 거래하는 투기꾼만이 갖는 두번째 이점은 당신의 지갑이 닫혀 있는 순간에도 당신을 강탈한다는 것이다.

모든 형태의 화폐 거래는 중단되어야 한다. 화폐 발행권은 일반 가격 수준에서 안정성을 확보하는 주된 목적하에 관리되기 위해 왕에게 반환되어야 한다. 상품과 화폐의 매점매석 투기꾼을 제외하고 모든 사람은 그러한 안정성의 혜택을 받아야 하고, 특히 농부는 그 혜택의 수혜자가 되어야 한다. 농부의 이익은 국가의 이익이다. 이렇게 되면 투기꾼들에게 좋은 시절은 끝날 것이다. 가격 안정성은 사람들이 빚에서 벗어나기 위해 장기 작업을 수행할 수 있게 해주는 유일한 수단이다. 그러한 작업 중에서 가장 중요한 것은 토양의 비옥성을 구축하는 것이다. 소디^{Soddy} 교수의 유려한 언어를 빌려 표현하자면, 우리는 "협주곡^{concertina}이 아니라 통화^{currency}"를 가져야 한다.

안정적인 통화 상태는 적어도 대규모, 소규모 비즈니스가 제공하는 기회를 균등화하는 데 이바지해야 한다. 때로는 표준화 및 낮은 생산비보다 품질, 개성, 독창성을 추구하는 소규모 비즈니스를 위해 균형을 깨야 한다. 특히 지역사회의 삶에서 농업이 차지하는 중요성으로 볼 때 그러한 방향 전환이 갖는 가치는 아무리 강조해도 지나치지 않다.

경제 및 통화 개혁과 관련된 많은 개별 이론이 있다. 그중 어느 것을 선택할지 결정하는 것은 평범한 사람들이 할 일이 아니다. 모든 이론은 돈이 인간의 필요에 부합하도록 만들어질 수 있고 또 만들어져야 한다는 확신에서 영감을 받았다. 돈은 인류의 시종이 되어야 하며, 다른 계급, 국가 또는 개인을 착취하는 수단이 아니어야 한다는 것이다. 이러한 것이 성취될 수 있다고 믿을 만한 충분한 역사적 이유와 그밖의 이유가 있다. 최근 건지섬, 오스트리아 뵈르글, 슈바넨키르헨 등에서 소규모로 성취된 이러한 모든 노력[4]은 결국 금전적 이익의 압도적인 힘에 패배했다. 그러나 이러한 일이 과거의 특정 기간에 더 큰 규모로 성공했음을 보여주는 징후가 있다. 그것은 무굴제국의 황제에 의해, 그리고 유럽의 르네상스 시대에 거의 우연히 이루어졌다. 이 사례들에서 사용된 기술은 항상 동일하지는 않았다. 기술은 좋거나 나쁠 수 있다. 오늘날 문제는 목표가 없다는 점이다.

어떤 형태의 화폐든 간에 화폐가치의 기준을 밀과 같은

4 　이 사례들은 모두 지역화폐를 통한 통화 개혁의 시도를 보여준다. 건지섬은 건지 파운드Guernsey pound라 불리는 지역화폐를 자체 발행해왔고 이는 현재까지 계속되고 있다. 1932년 오스트리아 서부의 소도시 뵈르글Wörgl에서는 노동증명서 형태의 지역화폐가 발행되었는데 이 화폐는 시간의 경과에 따라 가치가 떨어지도록 고안되었으므로 축재가 사라지고 경기 진작 효과를 일으켰다. 독일 슈바넨키르헨Schwanenkirchen의 탄광촌은 그에 앞서 자유화폐가 처음으로 도입된 곳이다.

한 가지 이상의 세계 주요 농산물에 두는 것에 대해서는 할 이야기가 많다. 그러한 생계 부문에서의 안정은 다른 어떤 종류의 안정보다 인류에게 많은 것을 의미할 뿐 아니라, 실질수요의 자연스러운 안정화가 이루어지는 곳도 바로 그 부문이기 때문이다. 식량에 대한 인류의 진정한 양적 요구는 분명히 상상할 수 있는 가장 안정적인 경제적 요인의 하나일 것이다. 인간은 일정량 이상을 먹을 수 없지만 일부는 그렇게 하려고 한다. 물론 실질수요는 경제학자들의 유효수요와 같지 않다. 유효수요는 의지와 구매력을 의미한다. 식량 공급을 화폐 공급의 기초로 삼음으로써 식량에 대한 유효수요를 가능한 한 실질수요와 거의 동일하게 만드는 것은 불합리해 보이지 않는다. 영국은행은 최근 금 보유분에 대한 주간 재평가를 결정했다. 온갖 조작과 무의미한 변화에 종속된 금 시세 대신에 국제 밀 가격에 따라 국내 곡물가를 매주 재평가하기 위해, 그리고 여전히 금을 믿는 (주로 외국의) 신경질적인 이들을 달래기 위해 금을 우리 통화의 기초로 복원하지 않을 이유가 어디 있겠는가? 우리가 진즉에 그렇게 했더라면, 그리고 다른 나라들이 우리의 주도권을 따랐더라면, 번영과 쇠퇴는 적어도 세계 수확의 비교적 경미한 변화에 좌우되었을 것이며, 지금처럼 그러한 변화의 반대 방향으로 격렬하게 요동치지 않았을 것이다. 세계 수확량 증대가 언제나 급감으로 이어지는 것은 우연일 수가 없다. 금–밀 표준의 가능성은 《현 시대*The Present Age*》 3, 4호에서 퍼거슨*Ferguson*이 충분히 설명했다. 그의 제안 중에는 풍작 기간 동안 국제적 통제하에 밀을 저장하자는 계획도 있었다.

땅은 상품이 되어서는 안 된다

돈이 상품이 되어서는 안 되는 것처럼 땅도 상품이 되어서는 안 된다. 돈과 토지는 각각 지역사회에 없어서는 안 될 필수 요소이며 사용 가능한 양이 필연적으로 제한된다는 점에서 공통점이 있다. 필수성과 제한된 수량이라는 두 가지 성질은 각각 그 이유가 상당히 다르지만, 그렇다고 해서 두 성질의 조합에 영향을 미치지는 않는다. 그 결과 돈이나 땅을 자신의 필요량보다 더 많이 축적할 수 있는 사람은 그 잉여분을 이용해 더 많은 양을 획득할 수 있다. 그가 충분히 (또는 너무 많이) 소유하게 되면, 그는 돈이나 땅을 사용하여 자신이 정한 가격을 가지고 공동체를 볼모로 삼을 수 있다. 이렇게 하는 행위가 고리대금업인데, 이 단어는 일반적으로 토지와 관련해서는 사용되지 않고 돈에 대해서만 사용된다. 돈의 사용에 대한 지불을 이자라고 하고, 토지 사용에 대한 지불은 임대료라고 한다. 개인이 이자나 임대료 없이 토지나 땅을 인수하는 것은 궁극적으로 도덕적 정당화가 가능하지만, 도덕적 노선에 따른 논의에서 최소한을 논하기 위해서는 논쟁의 여지가 많다. 그리고 현재 임대료나 이자 없이 토지 또는 돈을 빌려주는 방법을 고안하는 것은 어려워 보인다. 그렇다면 요점은 임대료나 이자를 어떻게 책정하고 누구에게 지불할 것인가 하는 것이다.

우리는 돈이 공동체의 이익에 반하는 것을 막기 위해 왕의 돈을 소유해야 한다. 같은 이유로 땅도 왕의 땅이어야 한다. 다시 말해 땅은 백성을 위해 왕에게 신탁되어야 하고 그 관리는 정부가 왕을 대리하여 해야 한다. 이것이 바로 올바른 **국유화**이다. 토지의 국유화 문제는 화폐 발행권을 제외한 다른 모든 국유화보다 중요하다. 실제로 좌파들이 산업과 운송의 국유화를 요구하는 주된 이유는, 정부에게 없어서는 안 될 두 가지 기능인 토지 통제와 통화 통제를 국민이 사적인 손에 넘어가도록 놓아두었다는 사실 때문이다. 그로부터 우리는 고리대금업이 지배하는 세상, 생각이나 행동보다 소유권이 더 중요한 혼란스럽고 터무니없는 세상에 살고 있으며, 끊임없이 증가하는 부채를 따라잡기 위해 머리로, 몸으로 고군분투한다. 이러한 곤경에서 벗어날 수 있는 탈출구는 정부의 산업 통제일 것이다.

많은 화폐개혁가들은 문제의 일면을 보았고, 헨리 조지 Henry George와 그의 추종자들과 같은 많은 토지개혁가들은 또 다른 일면을 보았다. 실비오 게젤Silvio Gesell은 최근 몇 년 동안 두 가지 개혁의 필요성을 모두 보았던 대표적인 인물이다. 그의 제안은 독창적이지만 일반적인 이유로 최종적 결정안으로 선택될 가능성은 거의 없다. 아이디어를 실천에 옮기는 최선의 방법을 찾는 데는 분명히 시간이 걸릴 것이다. 한 가지 확실한 것은, 폭력적인 행동은 불필요하며 아무도 고통을 겪을 필요가 없다는 것이다. 고통을 초래하는 폭력적인 행동은 궁극적으로 자신의 목적을 무너뜨릴 것이다. 중요한 것은 의지이며, 기술은 그 뒤를 따를 것이다.

토지에 관련하여 중요한 것은 돈의 **가치** 또는 돈의 구매력에 대한 투기의 가능성이 봉쇄되어야 하는 것과 마찬가지로 토지 가치에 대한 투기가 이루어질 수 없도록 해야 한다는 것이다. 지가가 관심의 대상이 되는 한, 주로 도시 인근 땅

값의 상승으로 발생하는 이익이 주목의 대상이 된다. 다름
아니라 바로 그곳을 주목하는 이들이 늘고 있다. 그러나 농
업이 역량을 발휘하게 되면 농지에도 비슷한 투기 기회가
생겨나는데, 그 이유는 농지의 가치는 급속히 상승하는 경
향이 있기 때문이다. 아직 가능할 때 이 기회에 그 땅을 사
서 값이 올라갈 때까지 가지고 있자! 금융인은 다시 한번 자
기 식으로 농부에게 접근할 것이고, 한계에 이를 때까지 압
박할 것이다. 이때의 난제는, 토지소유권이 남용되더라도 그
토지의 경작자에게 사용권을 안전하게 보장해주는 일이다.
그들은 참으로 소유권의 책임과 특권에서 오는, 땅에 대한
느낌을 가질 수 있어야 한다. 땅을 잘 다룰 줄 아는 사람들이
방해를 받아서는 안 된다. 그들 자신이든 그들의 자손들이
든 말이다.

　이는 농부들에게 일종의 **효율성 시험**을 의미한다. **땅을
내놓는** 자에게는 땅의 무기한 점유가 허용될 수 없기 때문
이다. 현재의 **효율성 시험**은 일종의 자동적인 금융 테스트
로, 중개인―비옥성의 구매자와 판매자―이 비옥성의 구축
자인 농부를 이길 수 있다. 효율성 시험은 필수적인 것 같지
만, 적절한 종류의 것이어야 한다. 다시 말해 효율성 시험에

서 탈락시키는 유일한 기준은 비옥성 손상이어야 한다는 뜻이다. 하지만 당장의 경제 상황이 비옥성을 높이는 데에 그것을 소모하는 것보다 많은 비용이 들어가는 상황이라면 효율성 시험은 거의 불필요하다고 봐야 한다. 현재와 같은 효율성 시험이 없을 때에만 농부의 본능은 공정한 게임에 임할 수 있을 것이다. 확실히 이보다 더 감시와 단속이 정당성을 얻을 수 있는 부문은 없을 것이다. 인류에 대한 범죄 중에서 **땅을 내놓는 것**보다 더 큰 것은 거의 없으므로. 따라서 땅투기와 남용에 대항하여 경작자와 공동체가 안정적으로 경작할 수 있는 사용권을 부여하는 제도가 고안되어야 한다.

헨리 조지의 제안은 토지의 부지 가치(또는 공한지의 가치)에 대한 모든 과세의 기초에 적용된다. 점유자는 세금을 내야 하므로 토지의 가치와 세금의 양 사이의 차이를 최대한으로 벌리기 위해 토지를 최대한 개발하는 것이 좋다. 이러한 약정에 따를 때 재판매를 위해 토지를 보유하거나 개발을 기다리는 것은 비용이 많이 들며, 따라서 가치가 높은 토지의 경우 이러한 것은 억제된다. 공한지의 가치가 오르면 세금이 오르고, 그래서 이른바 **불로 가치 증가**는 모두 개인이 아니라 공동체에 이익이 된다. 반면에 게젤은 토지소유권을 국가에 이전하고, 이자가 붙는 채권으로 현 소유주들에게 보상할 것을 제안하며, 그 이자의 원천은 당연히 국가에 지불될 토지 임대료이다. 그는 지가가 상승하고 이자율이 하락함에 따라 국가가 점진적으로 이익을 얻는다고 전제하고 있으며, 따라서 모든 과세의 감소와 궁극적인 소멸을 상정할 수 있다고 한다. 전대轉貸[5]는 허용되지 않는다. 모든 점유자는 국가의 직접적인 임차인이며, 좋은 사용에 대해서는 사용 기간이 보증되고, 비생산적인 사용의 경우 생산적 사용보다 더 높은 임대료를 지불해야 한다.

게젤의 제안은 헨리 조지의 제안보다 대중적인 의미에서 **토지국유화**에 더 가깝다. 사실 토지국유화에 찬성하건 반대하건 의견은 거기서 거기이다. 토지국유화는 만병통치약이 아니며, 사실 매우 해로울 수도 있다. 그 성공과 실패는 다른 많은 것에 달려 있다. 다른 많은 것이란 실행되는 방법뿐 아니라 실행되는 목적, 그 목적의 배후에 있는 생각을 말한다. 토지국유화의 주된 목적이 단순히 땅의 소유권에서 지

---

5   재임대를 말한다.

금 발생하는 이익, 또는 그에 관련된 통화통제에서 발생하는 이익을 국가로 이전하는 것이라면 그것은 무용하다기보다는 최악일 것이다. 그것은 보통의 인간적이고 효율적인 사람을 비인간적이고 아마도 비효율적인 주인(또는 은행가)으로 대체할 뿐이다. 그 주요 목적은 토지 자체를 오용으로부터 보호하고, 그 결과 공동체를 토지 남용의 영향으로부터 보호하는 것이어야 한다. 이러한 유인책을 통해 토지를 더 낮게 사용할 수 있는 상황을 만들어야 한다. 유인책은 반드시 금전적인 것만은 아니며, 비옥성 향상을 위한 더 나은 토지 사용을 유도하는 것이면 된다. 그 조건들이 토지국유화라고 할 수 있는 것에 의해 만들어지는지, 아니면 다른 것에 의해 나올 수 있는지는 중요하지 않다. 금전적 보상은 어떤 종류의 것이든 계획에 포함될 수 있다. 그러나 부자와 가난한 사람들에 대한 진정한 보상, 토지제도나 화폐개혁으로 인한 손실에 대한 보상은 금전적 보상이 아닐 것이다. 진정한 보상은 모든 사람, 모든 기관, 모든 나라가 모든 이웃과 살인적인 경쟁을 강요당하지 않는 세상일 것이다.

노동은 상품이 되어서는 안 된다

그러한 경쟁으로 인해 노동의 지위는 상품의 지위로 떨어졌고, 사람들은 남들과 마찬가지로 품질을 희생시켜 가격을 내렸고, 동시에 물건을 매석하고 가격 유지를 위해 똑같이 낭비적인 장치를 채택했다. 노동이 상품인 것은 지금보다 노예제 시대에 더 분명했지만 정말로 그러한지는 의문이다. 집단적 의미에서 **노동**은 살아가기 위한 두뇌와 근육의 어떤 조합을 가진 사람들을 의미하며, 기술자, 예술가, 농부뿐만 아니라 해군과 같은 가장 고도로 숙련되고 자격을 갖춘 사람들을 포함한다는 것은 거의 말할 필요도 없다. 노동의 지위 상승은 정치의 문제라기보다는 경제학의 문제이며, 어디에서나 일어나는 저가화에 대한 고질적 충동과 품질 저하를 수반하는 날로 늘어만 가는 속도의 충동을 제거하는 문제이다. 그러나 문제는 소위 노동운동을 통해 주로 정치 쪽에서 공격을 받아왔다. 이 공격의 비효율성은 오늘날 그 움직임의 분열 상태에 의해 나타난다. 분열은 일부 구성원이 더 많은 것이 필요하다고 보았기 때문에 일어났다. 그 소수의 사람들 중에서도 가장 용감하고 독창적인 사상가 중 한 명은 새뮤얼 홉슨^{Samuel George Hobson}이다. 아마도 그의 견해를 가장 잘 드러내주는 것은 이론서가 아닌 자서전인데,『좌익 순 례*Pilgrim to the Left*』라는 제목으로 출간되었다. 그는 그 책에서 처음으로 말한 "길드 구축" 이야기가 분명히 보여주듯이 사 상가이자 행동가이다.

홉슨은 현재 우리 경제에 내재된 노동의 경쟁적 평가절하 에서 발생하는 손실을 매우 분명하게 직시한다. 그것은 개인 의 주도권을 위한 책임과 기회의 상실로 인해 발생하는 손실 이며, 이는 매우 비인간적인 과정이다. 그는 임금을 통해 작 동하는 경제체제를, 책임과 주도권에 기초를 둔 단위를 토대 로 하는 일종의 길드 체계로 대체하고자 한다. 개인에서 시 작해 더 큰 단위가 만들어진다. 따라서 전체 산업을 구성할 수 있는 큰 관심사의 형성 과정은 권력 이양이라기보다는 점 진적 진전이다. 그 결과 오늘날 비즈니스 조직에서 보이는 전 형적인 광대한 의존적 연결, 기계적이고 투박한 연결이 아니 라 건강한 유기적 전체가 형성될 것이다. 점점 더 많은 노동 자는 단지 더 나은 것을 얻을 수 없기 때문에 오늘날 기계적 인 사업 조직에서 일자리를 얻는다. 그것은 그들의 관심사가 아니며 그들의 삶이 아니다.

금융의 지배

1인 농사가 아닌 곳이라면 어디에서든 그러한 몇 가지 원칙에 기반하여 바람직한 조직 설립이 가능할 것으로 보인다. 우리는 이 땅의 노동자가 이 땅과 특별하고 친밀한 관계를 맺고 살아야 한다는 것을 알고 있다. 그것은 경쟁적인 임금 체계와 거의 양립할 수 없는 종류의 관계이다. 농업임금위원회 등은 농업의 영역 내에서 노동의 경쟁적 평가 절하를 어느 정도 없애고 있지만, 농업과 무역 또는 산업 간의, 그리고 농업과 국가 간의 문제를 제거하기 위해서는 아무것도 하지 않는다. 그래서 농장 임금은 다른 어떤 부문보다 낮게 유지되고, 산업 부문의 실업수당이 농업에서보다 더 높게 유지되며, 농장 일은 가장 명예롭지 못한 직업이 되었다. 요즘 자주 이야기되는 대안적인 길드 조직과 같은 것은 일꾼들이 사실상 농부 가구의 구성원이었고 농장의 사회적, 경제적 생활의 일부였던 과거 농경의 특징인 상호 책임 정신의 회복을 위해 많은 도움이 될 수 있다. 사회적 관계와 경제적 관계 중 한쪽이 어그러질 때 다른 한쪽도 어그러지며, 홉슨이 말하는 것처럼 사회조직이 **기능**보다 재정에 기초를 둘 때에는 양쪽 모두 어그러진다. 토지 보유 제도가 필요하듯이 재정도 필요하다. 금융을 이해하고 다루는 능력을 가진 매우 귀중한 두뇌들이 있다. 그런 두뇌는 원활한 지역사회 생활에 가장 요긴한 서비스를 수행할 수 있다. 그렇게 봉사하는 것이 그들의 특권이 되어야 한다. 그러나 관리자들이 하는 일이 다른 이들의 일보다 훨씬 더 중요한 체계는 불행한 체계이다. 이때 그들은 사실상 우리의 통치자이다. 한 사람이 금융을 장악할 수 있는 만큼 그 지배력은 모든 것에 미친다. 그러나 금융은 기계일 뿐이고 다른 기계들이나 마찬가지로 죽은 것이어서, 금융이 지배권을 갖고 금융적 두뇌가 사실상 지배의 유형이 되는 것은 두려운 일이다. 아마도 우리는 현대의 조건에서 그 지배가 어떻게 명예로운 복종으로 변화될 수 있을지 알아내야 할 것이다. 살아 있는 영적 힘들이 기계의 죽음의 힘들에 맞서 너무 늦지 않게 승리할 수 있도록.

제5장

농업의 미래

삶의 힘이 죽음의 목적을 위해서가 아니라 삶의 목적을 위해 기계의 힘을 사용하는 방법을 찾아낸다면, 농업은 올바른 방향으로 발전하는 것을 방해하는 압박에서 풀려날 것이다. 농업의 발전은 위에서 부과되지 않고 자연스럽게 이루어져야 하며, 그렇지 않다면 올바른 방향이 아닐 것이다. 여하튼 우리는 진정한 농업의 본질은 단순히 비옥성을 훔쳐오거나 거래하는 농업과는 구분된다는 것을 염두에 두고 영국의 미래 농업을 그려보아야 한다.

농장은 오늘날의 일반적인 농장보다 훨씬 소규모여야 하며, 특히 비옥한 땅에서는 더욱 그러해야 한다. 이는 농장 규모의 다양성을 부정하자는 것이 아니라, 한 지역에 현재 부여되는 노동과 사고가 훨씬 더 작은 지역에 집중되어야 한다는 것을 의미한다. 그 명백한 결과는 그 땅에 훨씬 더 많은 사람이 필요할 것이라는 사실이다. 이 사람들이 필요한 자질을 개발하는 데는 오랜 시간이 걸리겠지만, 그 자질은 아마도 우리 대부분에게 잠재되어 있을 것이다. 서두름은 낭패만 가져올 뿐인 이유의 하나가 여기에 있다. 소작지의 증가 없이 사람들을 땅으로 데려온다면 현재와 같이 조직된 농장에서는 노동력만 늘어날 뿐 아무것도 얻지 못할 것이며, 오히려 바람직한 개별적 보살핌과 책임의 측면에서 많은 것을 잃을 것이다. 요점은 개별적 보살핌, 책임, 독창성을 기꺼이 행사할 수 있는 사람들은 자신의 땅에서 그렇게 할 수 있는 기회를 가져야 한다는 것이다. 그런 사람들의 가치와 중요성은 막대하다. 지금과 다른 조건에서 독립에 대한 열망이 얼마나 커질지 추정할 수는 없지만, 크게 자라날 것이라는 희망을 가져보자. 어쨌든 그 가운데에는 책임 부담이 덜한 일을 선호하는 사람들이 항상 있게 마련인데, 이는 그들이 반드시 게으른 정신이어서는 아니다. 그보다는 다른 방향으로 힘을 행사하기를 원해서일 수 있으며, 특히 영적인 힘과 활동을 추구하기 때문일 수 있다. 그러한 열망은 과도한 세속적 책임 없이 꾸준한 업무를 수행하는 것과 전적으로 양립할 수 있다.

모든 땅, 심지어 황폐해 보이는 대부분의 땅조차도 비교적 작은 단위로 세심한 주의를 기울일 가치가 있다는 것은 의심할 여지가 없다. 그처럼 바람직하게 여겨지는 많은 소출량과 수확물의 다양성은 다른 방식으로는 달성될 수 없다. 소규모 자작농이 필연적으로 고된 노동을 의미하고 기계 사용에서 파생되는 이점을 박탈한다는 가정은 현재의 경제적 조건에서만 정당화될 뿐, 다른 경제 상황에서는 그렇지 않다.

현재 상황에서 소규모 자작농으로 성공을 거두는 것이 거의 불가능에 가까울 만큼 어렵다는 것은 앨릭잰더 멘지즈 키친Alexander Wiliam Menzies-Kitchin이 1935년 카네기 영국 이사회에 제출한 보고서에 극명하게 드러난다. 구매 및 판매, 신용 및 보험 제공, 기계 구매 및 사용에 대한 협력은 모두 도움이 될 수 있지만 근본적으로 상황을 바꾸지는 못한다. 오늘날 모든 유인책은 더 큰 단위로의 조직화를 지향하며, 농업에서조차 그러하다. 엔지니어들이 소규모 사용에 실제로 효과적인 기계를 발전시키는 데에 별로 관심이 없는 까닭이 바로 여기에 있다. 유인책은 소규모를 제외한 모든 방법을 지향하며, 작업 규모를 늘려 비용 절감을 가능하게 하는 기계를 선호한다. 소규모로 수행되는 작업에 사용하도록 개조된 기계류는 도움이 될 수 있지만, 기계만으로는 소규모 농업에서의 고된 노동이라는 문제를 전혀 해결할 수 없다. 농업의 더 중요한 과정에 유리하도록 기계류를 적용할 수 있는 정도는 매우 제한적이다. 그러나 기계류가 대부분의 산업 공정에 적용되어 주인이 아니라 사람의 종이 되어 인간이 사실상 기계가 받고 있는 임금을 받게 되고, 효율성의 증가가 경쟁업체를 약화시키기 위한 산출 단위당 고용자 수의 감소가 아니라 모두를 위한 제품 가용성 증가를 의미한다면, 대부분의 사람은 지금처럼 광란적으로 서두르거나 완전히 실업자가 되는 대신 물질적 수단과 여가를 모두 가질 수 있다. 삶의 전체 템포가 바뀔 것이다. 모든 사람을 위해 충분하고 여유 있는 물품이 있을 것이며, 토지를 신중하게 경작하기 위해 합리적인 양의 시간을 할애한 사람들에게 적절한 보상이 가능할 것이다.

역사상 그러한 가능성이 실현된 적은 없다. 그 실현은 가치 있는 것과 가치 없는 것에 대한 우리의 습관적인 평가를 어떻게 바꾸느냐에 달려 있다. 그러한 변화가 일어난다면, 우리는 우리의 이익을 위해 기계류—분배 기계라 할 수 있는 금융을 포함하여—를 사용하는 방법을 알게 될 것이며, 그때 비로소 우리는 땅을 제대로 돌볼 시간을 가질 수 있을 것이다.

전문화

제조업에서는 기계류, 심지어 자동 기계를 매우 광범위하게 사용하는 것이 유리하지만, 농업에서는 그것을 어떻게 사용할지에 관해 매우 조심해야 한다. 높은 수준의 전문화는 제조업에 유리할 수 있지만, 땅에 세심한 개별적 관심을 기울여야 하는 농업에서는 별로 적합하지 않다. 가능한 한 혼합되거나 다양한, 크지 않은 단위들이 한꺼번에 있을 경우에는 더욱 그러하다. 지나치게 전문화된 농업은 땅을 적절하게 다루는 일과 양립할 수 없다. 대규모 농업경영은 이 불행한 세계에서 나타나는 땅의 현재 상태에 부분적으로 책임이 있다. 전문화된 농업하에서는 비교적 작은 규모로 수행되더라도 비옥성을 유지하는 것은 거의 불가능하다. 비옥성은 영양소의 균형, 그 땅에서 자라는 동식물 **식단**의 완전성 또는 전체성, 그리고 토양 자체에 달려 있다. 다시 한번 말하지만 비옥성은 생산성과 같은 것이 아니다.

진정한 농업경제

이 균형이 보존될 때에만 진정 경제적으로 농사를 지을 수 있다. 완전히 제한된 종류의 작물만 재배되거나 한 종류의 가축만 기를 때에는 필연적으로 탈이 난다. 소의 경우만이 부분적으로 예외를 허용한다. 진정한 비옥성은 소만으로도 합리적으로 잘 유지될 수 있지만, 가축을 혼합함으로써 농장에서 사용 가능한 모든 것을 훨씬 더 잘 사용할 수 있다. 예를 들어 양은 특히 소를 먹인 후 풀을 잘 뜯고, 가금류는 해로운 곤충을 좋은 활용 자원으로 변화시킨다. 둘 다 소 농장에서 소의 수를 줄이지 않고 기를 수 있으며, 각각은 소를 먹이는 초본에 특징적이고 유익한 효과를 부수적으로 창출한다. 소를 제외하고는 어떤 종류의 다른 가축도 한 종류만으로는 만족스럽지 않다. 한 종류만으로는 경제적이지 않으며, 상당한 불균형을 초래하는 특징적인 분뇨를 산출하고, 특정 기생충에 의한 질병에 취약하다. 이것은 목축이 조방적으로[1] 이루어지는 영국의 산악 지역에서도 마찬가지이다. 땅은 훼손되고 질병은 창궐하는 그곳에서 양만을 기르는 것은 3에이커당 한 마리의 비율로도 매우 어렵다. 작물도 마찬가지이다. 목초지에서 함께, 또는 다른 작물과 함께 경작되거나 돌려짓기로 재배되거나 하는 혼합작물을 제외하고는 토양 자원을 최대한 활용하는 것은 불가능하다. 단일경작에서는 질병을 오랫동안 막는 것이 불가능하며, 또한 다양한 혼

---

1   조방적 농업은 자본과 노동력을 적게 투여하고 자연적 환경 조건에서 재배 또는 사육을 하는 농업 방식을 말한다. 그 반대는 집약적 농업이다.

합물을 제외하고는 가축을 적절하게 먹일 수 있는 방법은 없다. 방목하는 가축에게는 민들레, 톱풀, 질경이, 버닛 등 모든 매력적인 다양한 토착 목초지의 **잡초**가 필요하다. 잡초가 자연적으로 자라지 않는 황야에는 심지어 잡초를 파종하는 것이 좋다는 것이 밝혀졌다.

여기에 참으로 중요한 원칙이 있다. 그 원칙은 분석적인 추론과 같은 방법으로 이해되어서는 안 된다. 그런 방법은 무엇인가를 **빼놓았다**가 얻는 방법이다. 그러나 여기서 문제되는 것은 자연의 전체성이다. 우리는 분석을 통해 자연을 이해하기 위해 여러 세대를 거쳐 노력해왔지만, 그 결과는 혼란스럽고 복잡해서 우리의 지식이 얼마나 보잘것없으며 배워야 할 것이 얼마나 많은지를 보여줄 뿐이다. 우리는 고도로 전문화된 노선을 추구하며 세부를 위해 많은 삶을 희생했지만 전체 그림에 대한 완전한 인식은 상실하고 말았다.

그러므로 그것이 무엇이든, 농업은 가능한 한 다양하게 복합된 혼합농업이어야 한다. 적어도 일부 국가와 일부 지역의 농민들은 오늘날 혼합농업을 고집하고 있으며, 가끔 경제학자들에게서 비판받지만 근본적으로 옳다. 비옥성의 구축은 혼합농업의 원칙에 달려 있기 때문이다. 작물과 가축의 상호반응과 상호의존성도 거기에 달려 있고, 낭비를 피할 수 있는 유일한 방법도 거기에 달려 있다. 다양한 작물과 다양한 가축만이 그것을 가능하게 할 수 있다. 혼합농업을 실행할 때에만 땅은 진정한 증가를 낳을 수 있으므로 그것은 경제적인 농업이다. 다른 종류의 농업은 그 요소들을 먼 땅에서 훔쳐 오든 정직한 생체적 교환으로 얻든 간에 전적으로, 혹은 주요하게 비옥성 요소의 거래일 뿐이다. 그러한 교환은 상업에서의 정직한 구매와 반드시 같은 것은 아니다. 예를 들어 밀의 저렴한 가격은 상업적으로는 정직할 수 있지만, 그것이 토양비옥도를 강탈함으로써 가능하다면 생물학적으로는 정직하지 못하다. 생물학적 부정직함의 대가는 상업적 부정직함의 대가보다 가혹하다.

참된 농업경제는 그것에 중첩된 금융경제가 두드러진 탓에 거의 가려져 있었다. 농장경제의 이 두 측면이 반드시 서로 반대되거나 불일치하라는 법은 없지만, 기계화에 의해 처녀지의 소모가 금전적 매력 요소로 대두되었을 때부터 실제로 그렇게 되었고, 금전적으로 저렴하지만 생물학적으로 값비싼 사료의 광범위한 공급 가용성에 기반을 둔 농업은 자립적, 생산적인 고유 농업보다 매력적인 제안이 되었다.

소모의 과정

같은 기간 동안 화학, 기계화된 광업, 운송의 발전으로 질소, 인, 칼륨이 풍부한 자연 퇴적물에서 유래한 값싼 인공비료가 시장에 나왔다. 일부 질소 물질의 경우 석탄 또는 저장된 태양에너지를 사용해 대기에서 추출된다. 이러한 모든 재료는 궁극적으로 소모적인 과정에 의해 이용 가능한 형태로 만들어진다. 많은 새로운 원료 또는 동력원이 발견되어야 하겠지만 수력은 거기에 포함되지 않는다. 첫째, 지금까지 인공물 형태로 바람직하게 공급된다고 여겨진 앞서 언급한 세 요소(질소, 인, 칼륨) 중 질소 화합물만이 동력으로 합성될 수 있다는 것을 기억해야 한다. 둘째, 물을 가둬 그 에너지를 전기로 전환하는 궁극적인 효과는 아직 완전히 조사되지 않았다는 것을 기억해야 한다. 댐과 발전소 사이의 강이 물을 빼앗겨 물고기와 여타 생물에게 해를 끼친다는 것은 분명하다. 그곳으로 들어가는 물은 종종 저수지의 바닥에서 나오며 신맛이 나고 생명이 없다. 더 중요한 것은 계곡의 온도가 때때로 몇 도 낮아진다는 사실일 것이다. 이는 계곡에서 에너지가 방출되기 때문인 것으로 입증되었고 실제로 그러할 것으로 예상된다. 따라서 저장된 태양에너지의 전환에 대해 우리는 아마 상대적으로 이해하기 어렵지만 실제적이고 중대한 방식으로 대가를 치러야 할 것이다. 태양에너지의 공급 자체가 명백하게 자유롭고 무제한적일지라도 말이다. 이러한 고려 사항과 비교할 때, 시설과 댐의 자본 비용에 대한 이자 및 상환 기금의 지불은 상대적으로 일시적이며 중요하지 않다.

비옥성을 소진하는 과정, 그리고 일반적으로 축적되는 것보다 빠른 속도로 모든 종류의 천연자원을 사용하는 과정은 근본적으로 동일하다. 이러한 과정은 분명히 소모적이며 영원히 추구될 수 없다. 현재의 속도로 간다면 결코 오래갈 수 없다. 토양비옥도는 석탄, 석유, 인산염, 칼륨보다 훨씬 더 빨리 **채굴**되고 있다. 이러한 소모적 과정에 전적으로 혹은 부분적으로, 직간접적으로 기초한 농업은 그 자체로 소모적 과정의 일부 또는 부속물이 되며, 급속한 소멸의 운명에 처하게 된다. 그러나 우리 농업의 대부분은 이런 종류이며, 종종 "과학적"이라고 불리는 특정 종류의 농업에 접근할수록 더욱 그러하다. 그런 의미에서 "과학적" 농업은 주로 농경제학자가 그의 계산 기계와 장부로써, 화학자가 이미 죽어버린 물질을 분석함으로써 권고하는 바에 따라 규제되는 농업을 의미한다.

화학자와 경제학자

농경제학자를 비난해서는 안 된다. 그의 임무는 농업을 기존의 금융체계와 연결하는 것이다. 가능한 한 모든 농부를 재무적으로 연루시키고, 특히 그 비용을 제공한다. 농부는 자신의 농업을 현재의 가격구조에 적응시키는 데 경제학자의 도움을 기대한다. 농부와 경제학자 중 누구도 그 가격구조를 바꿀 수 없으며, 어느 한쪽이 그것을 무시한다면 그는 확실히 실패할 것이다. 그러나 우리 경제의 본말전도와 우리 가치의 거짓됨이 표현되고 간직되어 있는 곳이 바로 가격구조이다. 농업은 그에 부합하도록 변경되어야 했다. 가격구조가 갖는 두드러진 특징의 하나는 생산자가 얻는 것과 소비자가 지불하는 것 사이의 엄청난 마진이다. 이는 거래와 가공 공정이 생산을 지배한다는 사실의 산술적 표현이다. 따라서 현재 실제로 보수적이거나 창조적인 농업보다 본질적으로 거래 또는 가공에 가까운 농업은 종종 금전적인 면에서 가장 수익성이 높을 수밖에 없다. 예를 들어 고도로 전문화된 가금류 농장으로 대표되는 그러한 농업은 사료가 생물학적 비용보다 훨씬 낮은 금전적 비용으로 공급되기 때문에 가능하다. 그 결과 엄청난 과잉생산으로 인한 어마어마한 손실,

불균형한 분배, 귀중한데 불균형한 것의 낭비는 오히려 무시된다. 모든 단일경작은 어떤 식으로든 같은 범주에 속한다. 그것들은 엄청나게 낭비적이다. 금전적 이익을 얻든 손실을 입든 간에, 그들의 생물학적 낭비는 질병으로 인한 직접적인 손실이나 질병 예방 조치에 대한 지출을 제외하고는 그들의 장부에 드러나지 않는다.

현재와 같은 구조에서 경제학자가 고려해야 할 주요 비용 항목은 노동이다. 대다수의 우리 인간 동료들은 비용의 한 항목으로 취급되고 그다음에는 아마도 박애주의의 대상으로 취급되는 끔찍한 수모를 겪어왔다. 이는 우리의 극도로 비인간적인 전도된 생각이 다다를 수 있는 전형적인 사태이다. 농장을 위해 노동이 있는 것이 아니라 노동을 위해 농장이 있다는 태도를 견지할 수 있을 때까지는 그다지 희망이 없다. 더 나은 상황을 위해서는 다른 실질적인 변화보다도 그러한 생각의 변화가 선행되어야 한다. 생각이 올바른 길로 접어들면 회계 시스템은 곧 적절한 위치에 자리잡을 것이다. 오늘날 노동이 단순히 불가피한 비용 항목이 아니라 자산일 수 있는 유일한 상황은 가족이 운영하는 자립 농장에서이다. 인류가 일을 하기 위한 기본적인 조직에 관하여 다른 건강한 모델을 상상할 수 있겠는가?

화학자의 임무는 농부가 하는 일의 화학적 의미를 제시하는 것이다. 농업의 조언자라는 위치에서 그가 갖는 주된 약점은 앞에서 말한 것처럼 어떤 화학자도 살아 있는 생물을 화학 용어로 분석하거나 묘사한 적이 없다는 것이다. 그것이 아무리 단순한 생물이라 할지라도 말이다. 앞으로도 그럴 가능성은 전혀 없다. 화학자의 묘사 방법은 삶의 지속과 양립될 수 없는 파편화를 필요로 한다. 농부는 분명히 살아 있는 상태에만 정말로 관심이 있다. 언젠가 때가 되면 그는 생물학의 도움을 받을 수 있을 것이다. 이 신생 과학이 파편화에 의한 조사라는 기존의 방법에서 벗어날 수만 있다면 말이다.

농업에 대해 화학이 취하는 태도는 경멸적으로 "NPK 사고방식"이라고 불려왔다. 주로 로담스테드 등지의 실험[2]에 기반을 두고, 작물에 영양을 공급하는 가장 좋은 (또는 가장

---

2   존 베닛 로즈John Bennet Lawes에 의해 1843년에 시작된 로담스테드Rothamsted 장기 현장 실험은 브로드보크Broadbalk 밀 실험구에서 현재까지 180년 가까이 이어지고 있는 세계 최장기 농업 실험이다. 초기에는 N, P, K와 마그네슘의 효과에 초점을 맞추어 농장구내비료farm yard manure의 가치를 연구했고, 이후 석회, 제초제, 살균제, 농약 및 새로운 작물의 사용을 포함하여 계속되었다.

"경제적인") 방법은 다른 비료와 함께, 혹은 단독으로, 적합한 화학적 화합물 형태의 질소(N), 인(P), 칼륨(K)을 공급하는 것이라고 조언했기 때문이다. 이는 확실히 작물의 생육에 중요한 역할을 하며 흔히 부족해지기 쉬운 세 요소를 공급하는 한 가지 방법이다.

덧붙이자면 독자는 식물의 건강과 품질에 관한 화학적 처리의 유익한 효과가 최근에 점점 더 심각하게 의문시되고 있음을 상기할 수 있을 것이다. 그것은 대다수의 약물이나 치료법과 마찬가지로 쓰면 쓸수록 더 많이 써야 하며, 이에 대한 의존은 새로운 결함이나 질병의 출현을 확연히 수반하므로 또다시 그것을 감추거나 치료해야 한다. 포도나무뿌리진디[3]를 처치하기 위해 필요한 에이커당 구리염의 양은 수십 년 전과 비교하여 15~20배로 늘어난 것 같다. 건강하지 못한 작물에서 최근에 발견된 결핍 증상은 주로 붕소와 망간의 결핍증이다. 반면에 동물의 경우 목록은 이제 훨씬 길어져서 인, 철, 칼슘 외에도 망간, 아연, 알루미늄, 구리, 몰리브덴, 코

---

3   필록세라*Phylloxera Vastatrix*라고 불리는 이 작은 벌레는 1800년대 후반에 프랑스 전역의 포도밭을 초토화했다. 이 사건은 이후 전 세계 포도주 산업의 향방을 크게 바꿔놓았다.

발트를 포함한다. 밀 1부셸(8갤런)[4]을 재배하기 위해 우리는 과거에 일반적으로 적용되던 질소량의 약 세 배를 사용한다.

투입과 산출의 균등화

사태의 이러한 측면은 앞에서 충분히 논의했다. 물론 경제학과 밀접한 관련이 있지만 여기서 중요한 점은, 축적된 에너지와 퇴적물에 의존하여 지속하는 것은 필연적으로 소모적인 과정이라는 것이다. 금융의 언어로 얘기하자면 이는 자본금을 소모하며 살아가는 것이다. 이제 생명은 주는 것보다 더 많은 것을 가져가고 있다. 파괴의 속도가 진화의 속도를 추월하지 않는다는 가정하에(몇백만 년 안에 다시 살아 있는 형태로 진화할 수도 있다는 사실은 거의 위안이 되지 못한다), 고도로 진화된 현재의 생명 형태가 유지되려면, 생명 전체가 산출하거나 지출한 양은 적어도 생명 전체가 얻거나 섭취한 양과 같아야 한다. 실제로 그러한지는 간단한 테스트로 알 수 있다. 세계를 전체로 보았을 때 비옥한 토양이 형성되는 속

4 　부셸은 곡물, 과실 등의 무게를 측정하는 단위로도 쓰이고, 야드파운드법의 부피 단위로도 쓰인다. 영국식으로는 8영국갤런(약 36.37리터), 미국식으로는 8미국갤런(약 35.24리터)을 1부셸이라 한다.

도가 파괴되는 속도를 상회하는지, 같은지, 또는 밑도는지를 조사하면 된다. 현재에 대한 결정적인 답을 내리는 것은 고통스러울 만큼 쉽다. 그것은 이미 주어져 있다.

농업의 기초 경제는 전 세계 비옥도에 대한 총체적 영향의 관점에서만 표현될 수 있다. 오늘날 비교적 전문화된 농부는 농장과 자기 자신에 대해 복잡한 요구 사항이 있기 때문에 모든 일에서 재정적 측면을 우선순위로 놓지 않을 수 없다. 농장의 생산성을 저해하는 것은 확실히 그에게 이익이 되지 않는다. 생산성을 떨어뜨리는 것은 항상 무능한 농부였다. 그러나 오늘날 성공한 농부는 일반적으로 다른 곳의 비옥성을 희생하여 생산됨으로써 저렴해지는 재료(사료 또는 비료)를 구입하여 땅의 생산성을 유지하는 데 성공한 사람이다. 그러나 그런 종류의 성공한 농부는 덜 "성공한" 다른 농부보다 더 나은 농부가 아니라 더 성공한 사업가일 뿐이다.

그러므로 우리를 둘러싼 재무 경제 복합체가 행사하는 압력의 방향이 바뀌도록 변화되거나, 아니면 적어도 농민이나 공동체가 그 복합체에서 분리되어야 한다. 경제 복합체에 요구되는 변화는 생물학적으로 자립적인 새로운 공동체의 생체적 요소로부터 구축됨으로써만 가능하다. 그리고 다시 언급하건대, 인간, 동물, 작물, 땅에 대한 모든 필요를 자급하는 완전히 자립적인 농장 또는 공동체는 이득이 적고 가격이 하락해도 눈에 보이는 이윤 없이 유지될 수 있다. 그러한 농장이나 공동체만이 화폐로부터 독립적일 수 있다. 그러나 더 중요한 것은, 그 수익은 그것의 생산자뿐 아니라 전 세계에 이익이 된다는 점이다. 이것이 진정한 이익이다. 그것은 주로 화폐의 관점에서 측정되는 금전적인 이익이 아니다. 금전적 이익의 창출은 그 과정이 소모적이었는지 아니면 그 반대였는지에 대한 정보를 어떤 식으로든 포함하지 않는다. 그러나 중요한 것은 바로 그 정보이다. 물론 수입된 화학물질의 사용으로 에이커당 사료 생산량이 증가했다고 주장할 것이고 그것은 사실이지만, 그 비용은 얼마였는가?

보존 문제에 대한 접근 방식

또한 그러한 수입이 없다면 인구밀도가 높은 국가를 유지하기에 충분한 수준으로 생산을 유지하는 것은 불가능하다고 주장할 것이다. 교체해주어야 하는 영양소(특히 N, P, K)를 함유하는 농산물이 끊임없이 탈취될 때 농장의 자급자족이 어떻게 가능하겠는가? 대답은 물론 교체해주어야 한다는 것이지만, 문제를 겨냥하는 진짜 질문은 **어떻게**이다.

　우리는 어떤 민족들이 수 세기 동안 명백한 비옥성 상실 없이 토양을 놀라운 상태로 유지하고 있음을 보아왔다. 분명히, 크든 작든 어떤 생체적 단위가 반드시 기본 원소의 손실을 겪는 것은 아니다. 물질은 파괴될 수 없기 때문이다. 단, 그 원소들이 동식물의 일부가 되는 단계를 거친 후 작물이 토양으로부터 그것들을 되찾을 수 있는 방식으로 모두 토양으로 되돌려진다는 가정하에 말이다.

　이러한 단서 속에서 우리는 농업의 진정한 생체적 경제학의 열쇠를 손에 넣을 수 있다. 문제는 금융도 아니고 영양소를 공급하는 것도 아니다. 토양과 동식물에는 현재 기준의 생명을 유지하기에 충분한 영양소들이 크든 작든 반드시 존재한다. 관건은 그 순환을 유지하고 생명이 접근할 수 없는 형태로 전환되는 것을 막는 것이다. 양적으로만 되돌려주기의 규칙을 지키는 것은 충분하지 않다. 그것은 NPK 사고방식, 다른 말로 "결핍 콤플렉스"를 드러낼 뿐이다.

　토양에서 생명 요소들의 손실은 다양한 형태의 침식을 통해, 그리고 소위 "광물화"가 진행되는 심층토로의 비의 침출을 통해 일어난다. 이 두 가지를 예방하거나 최소화할 수 있는 방법은 단 한 가지, 그 원소들이 토양에서 동화 가능한 형태가 되도록 하는 것이다. 그것이 진정으로 경제적인 농사를 지을 수 있는 유일한 토대이며, 진정으로 경제적인 농업이야말로 인간 삶의 지속과 발전을 위한 유일한 기초이다.

그러나 보존에만 의존한다면 기술적으로는 완벽해질지 몰라도 발전의 여지는 없다. 다행히도 그 응용 가능성의 여지는 매우 크다. 로담스테드 실험의 전 과정이 밝혀주는 가장 중요한 계시는, 어떤 종류의 거름도 주지 않고 87년 동안 지속적으로 경작된 브로드보크 장기 밀 실험구의 연간 수확량이 약 12부셸의 한결같은 양으로 안정화되었다는 사실일 것이다. 이는 보통 수확량의 3분의 1에 불과하지만, 무無에서 생산된 것으로 보인다. 그러므로 보통의 조건하에서라면 분명 영양소 손실을 어느 정도 감당하면서도 수확량을 유지할 수 있을 것이다. 적어도 수확량 3분의 1 정도까지는 은혜를 받을 수 있다는 것이다. 그러나 우리는 50퍼센트의 손실을 감당할 수는 없다. 이는 신선한 농장구내비료를 수확에 적합한 작물로 바꾸는 과정에서 정상적인 것으로 간주되는 손실량이다. 손실이 30퍼센트라면 현상 유지는 가능하다. 이 점을 향상시킬 수 있다면 우리는 비옥성의 구축과 진정한 이익의 창출을 시작할 수 있다. 다른 어떤 조건에서도 진정한 이익의 창출은 불가능하다.

따라서 농경제학은 이러한 유기적 손실을 최소한으로 줄이는 것이 첫번째 관심사가 아니라면 궁극적인 가치가 될 수 없다. 그것은 적어도 이중적인 문제이다. 그 주요 측면은 식물성 "폐기물"로 만든 퇴비를 포함하여 모든 형태의 유기비료를 다루는 것, 그리고 재배 및 경작을 포함하여 토양 자체를 돌보는 것이다. 다른 어떤 종류의 농장경제학도 즉각적인 현재를 넘어서서 현실을 직시하지 않는다. 물론 농부와 자문 경제학자는 즉각적인 현재에 살고 있으며, 둘 다 지극히 자연스럽고 편안하게 번영하며 살기를 원한다. 그리고 이 시대는 매우 불확실하기 때문에, 즉각적인 금전적 이익을 창출하거나 금전적 손실을 줄일 것으로 보이는 모든 것은 진정한 경제의 제1원칙에 부합하든 그렇지 않든 첫번째로 고려될 수밖에 없다.

그러한 이유로 유기물의 보존 및 토양의 활력과 관련된 미묘한 기술적 문제는 거의 주목을 받지 못했다. **활력**은 지극히 비과학적인 용어이다. 그것이 가리키는 막중하고도 실질적인 대상을 지칭하는 과학 용어가 없다는 사실은 관심 부족의 증거이다. 대부분의 밭 가꾸는 이들과 농부는 활력이 무엇을 의미하는지 알 것이다. 이러한 문제를 추구하는 것은 "아마추어"에게 맡겨져 있다. 그러나 결국은 그 편이 더 좋을 것이다. 어쨌든 개척자는 항상 아마추어니까 말이다. 그들의 작업 중 어떤 것들은 논급되기도 했지만, 아마도 가장 중요한 많은 이의 이름과 작업은 결코 기록에 남지 않을 것이다. 그들이 바로 그 일을 해내어 성공할 사람들이고, 그들이야말로 진정한 농경제학자일 것이다.

다각화

전문화는 "잠재적 풍요"라는 환상을 만들어내는 기계 효율성을 이룩할 수 있게 해주었다. 전문화는 그 경제적, 사회적 영향뿐 아니라 사람들의 마음에 미치는 영향으로 볼 때 시대의 저주이다. 그것은 정도의 차이는 있지만 결과적으로 사람들에게 삶에 대한 온전한 경험과 포괄적 전망을 불가능하게 만든다. 인쇄물로 전달되는 단순한 정보의 보편적 접근성과 그에 대한 강요는 사람들의 삶에서 실제로 일어나거나 일어나지 않는 일을 결코 보상해주지 못한다. 정보에 대한 인간의 반응은 사실 전적으로 그의 개인적인 내적 경험에 의해 조절된다. 그 경험의 풍요로움 또는 빈곤함은 대체로 그의 정신 상태에 의해 조정된다. 전문화된 마음은 제한된 경험만 할 수 있다. 반면에, 전문화되지 않은 개방적인 마음은 지리적으로 매우 제한된 환경에서도 풍부한 경험을 수집할 수 있다. 환경의 물리적 경계는 내부의 풍부함과 다양화를 제한하지 않는다.

현대적 의미에서 전문화는 실상 다소 극단적인 노동의 분업을 의미한다. 분업은 우리가 "연합의 증가"라고 부르는 물질적 이득의 원천이다. 그러나 분업은 노동으로부터 물질적 이익을 얻어야 하는 개인들의 마음에 악영향을 끼치는 데까지 나아가지 않을 때에만, 그들에게 삶 전체를 부정하지 않을 때에만 좋다. 따라서 우리는 전문화를 통한 "연합의 증가"가 우리의 정신 생활의 질을 손상하거나 농업을 통해 수행되는 육체적 삶의 질을 손상하는 정도까지 나아가도록 놓아두어서는 안 된다. 전문화가 농업에 주는 즉각적인 이점도 대부분은 환상일 뿐이다. 개선되지 않은 상태의 특정 토양이 제한된 범주의 작물이나 처리에 가장 적합할 수 있다는 것은 사실이지만, 좋은 경작이 땅을 균등하게 만든다는 것도 사실이다. 그리고 완전한 의미에서 혼합농업의 다양한 시스템이 무한하다는 것도 사실이다. 원칙을 포기하지 않고 지역 조건에 적응할 수 있는 여지가 충분히 있으며, 이는 가능한 한 가장 큰 다각화를 위해 노력함으로써 가능한 한 가장 완전한 유기적 전체를 생산하는 것이다.

당신이 뭐라 부르든, 당신의 기질이 낭만적이든 아니든 간에 나무, 수풀, 산울타리, 잡초, 또는 야생화와 같은 농장의 군더더기로 보이는 것들 없이는 그러한 다각화는 불완전하다. 이 모든 것은 개별적으로, 집합적으로 질적 중요성과 가치를 지닌다. 좋은 경작은 항상 아름답지만, 우리 대부분은 야생에 대한 취향을 가지고 있다. 우리 최고의 경작이 모두 야생과 접촉하여 가장 매력적인 야생과 친밀함의 결합이 담긴 그림을 보여줄 수 있다면 멋질 것이다. 영국의 그림은 바로 그러해야 한다.

가능한 한 폭넓은 다양성에 합리적이고 용이한 관리성을 일관되게 적용할 때에만 농장 작물과 가축을 최대한 활용할 수 있으며, 토양에 실질적 비옥성을 축적할 수 있다. 비옥성은 정적인 현상이 아니라 변화와 교환의 살아 있는 과정이기 때문이다. 질병은 불균형 상태의 증상일 뿐이기 때문에 비옥성만이 질병에 대한 단 하나의 건전한 방어이다. 한편, 소규모 혼합농업의 조건하에서 현지 발생 전염병 확산의 가능성은 가장 낮은 지점으로 줄어든다. 물론 가능성이 완전히 제거될 수는 없는데, 그것은 완전성에 다다르는 것은 불가능하기 때문이다. 사실, 질병에 대한 순전히 예방적인 조치의 필요성을 현저하게 줄이는 데에만도 오랜 시간이 걸릴 것이다.

농장 자체는 작지만 내부적으로 다양화되어야 하듯이 계곡, 구역, 지역, 국가와 같은 더 큰 단위도 다양화되어야 한다. 개별 농장이 토양, 지형, 수분 등 작은 변화에 민감하게 적응하면 부분적으로 더 폭넓은 다양화를 보장할 수 있을 것이다. 그러나 의심할 여지 없이, 상위 기관은 숲이 무분별하게 파괴되지 않았는지, 비음림庇蔭林[5]이 조성되었는지, 필요한 경우 넓은 지역의 이익을 위한 다른 주요 작업이 수행되었는지 확인해야 할 것이다. 그 기관은 그 땅의 혜택을 누릴 종사자들에게서 직접 권한을 부여받기만 한다면 잘 작동할 것이다. 오직 공동의 동의와 최대의 분권화만이 필요한 모든 것을 할 수 있으며, 동시에 "장소의 정신"을 보존할 수 있다.

---

5   초지에서 가축을 방목할 때 가축이 쉴 수 있도록 만들어진 숲을 말한다.

장소의 정신이 없다면 개성, 개별성, 활기를 잃게 될 것이다.

보존 기술

진정한 혼합농업의 도입은 개별 농장의 완전성을 향한 첫번째 단계이며, 다음으로는 농촌의 완성을 향한 첫걸음이다. 모든 측면에서 재정적 이익이 아닌 진정한 이익을 창출하는 건강한 유기적 전체로서 말이다. 그다음 단계는 토양에서 분리된 유기물을 적절히 처리하고 준비하여 흙으로 되돌려 보내는 것이다. 그 대부분을 사람이나 동물이 섭취하게 된다. 앞에서 말한 것처럼 위생의 기본 원칙을 포기하지 않으면서 인간의 배설물을 실제로 흙으로 되돌려 보낼 수 있는 가장 좋은 가공법, 또는 그러한 물질을 사용하는 가장 좋은 방법은 아직 개발되지 않았다. 우리는 인간이 곧바로 섭취할 작물을 재배하기 위해 그것을 사용하는 데에 본능적인 거부감을 느낀다. 그 거부감은 단순한 편견일 수도 있지만 감염 문제와는 별개로 타당한 근거가 있을지도 모른다. 그러므로 우리는 그것을 포기하고 두엄에서 가공된 유기물을 목장 또는 동물 사료용 작물에만 사용할 수 있다. 우리가 동물 분뇨와 식물성 폐기물을 적절히 관리하면, 인간이 소비할 옥수수,

채소, 과일을 재배하는 토양을 위한 유기비료가 부족할 일은 없다.

농부들은 건강과 품질의 관점에서 만족스러운 농산물을 생산하기 위해 유기비료를 대신할 만한 것이 없다는 사실을 잘 알고 있다. 일부 농부들은 유기비료 처리 비용이 만만치 않다는 사실과 화학비료로 놀라운 생산량이 달성될 수 있다는 사실을 경험하고서 그 점을 잊어버렸다. 하지만 배설물을 처리하는 비용이 너무 커서 감당할 수 없다는 불만은 이미 충분한 배설물을 구할 수 없다는 불만으로 바뀌고 있는 것 같다. 이 어려움에서 벗어나는 방법은 여러 가지가 있다. 우리는 우리가 가지고 있는 똥을 적절한 생체 활성 상태로 만드는 방법을 배우거나 어느 정도 재학습함으로써 더 멀리 갈 수 있는 방법을 배울 수 있다. 또는 똥 이외의 유기물을 준비하여 토양의 요구를 충족시킬 수 있는 방법을 찾을 수 있다. 가장 좋은 방법은 이 두 가지를 모두 하는 것이다. 그러면 배설물의 공급이 충분하든 그렇지 않든 우리는 더 나은 방식으로 해나갈 수 있을 것이다.

최근 농가 분뇨와 기타 유기물을 퇴비화하거나 가공하는 다양한 방법이 각광을 받고 있다. 이러한 방법을 광범위하게 채택한다면 상업적 유기비료 또는 무기비료의 판매를 위협할 것이 분명하다. 그러한 다양한 방법을 불신하거나, 퇴비는 화학물질의 도움을 받아 만드는 것이 가장 좋다고 사람들을 설득하려는 많은 시도들이 있었고 지금도 계속되고 있다. 실제로 순수한 유기적 방법 중 일부는 특히 재배된 농산물의 품질과 내병성 측면에서 매우 성공적인 것으로 입증되었으며, 화학물질이 실제로 유해한지 아닌지에 대한 의문은 차치하더라도 화학물질을 경제적으로 배제할 수 있다는 것이 분명해졌다. 가장 좋은 유기 발효 과정은 순전히 생체적이며, 이에 대한 화학물질의 방해만 없다면 성질상의 변화가 일어난다. 화학적 방법을 제외하고 영국에서 가장 잘 알려진 방법은 고대 인도의 전통에서 발전하여 앨버트 하워드Albert Howard 경이 도입한 **인도르Indore** 공정과,[6] 루돌프 슈타이너 박사의 권고에 따라 개발된 **생명역동농법**이다. 후자의 방법은

---

6   유기농업의 아버지로 불리는 앨버트 하워드 경은 인도 농업 연구관으로 복무하며 40년간 유기비료 제조를 연구해 『농업 폐기물 *The Waste Products of Agriculture*』(1932)을 저술했다. 인도의 도시 이름을 따라 명명된 인도르 공정은 토양비옥도와 식물의 질병 저항력을 향상시키는 퇴비화 과정으로, 1931년에 개발되었다. 부록을 참조할 것.

대륙에서 15년 동안의 작업 과정에서 고도로 개발되었으며 그 효과는 입증되었다고 할 수 있지만, 그 지지자들 외에 이에 대해 잘 아는 이들은 별로 없다.

다각적 유기농이라는 실용적 제안

사실 보통의 채소밭과 합리적으로 균형 잡힌 혼합농장에서는 토양에 필요한 것을 공급하기에 충분한 양의 유기 거름을 생산할 수 있다. 토양, 작물, 가축에 대한 궁극적인 이점은 건강, 기호성, 그 밖의 미묘한 요소와 같이 순전히 질적인 종류의 측정할 수 없는 요소가 관련되어 있기 때문에 계산할 수 없다.

그러나 밭 가꾸는 이와 농부는 처음부터 비료 구매 비용 절감을 통해 필요한 노동력의 균형을 맞출 수 있다. 농업에서 항상 그렇듯이 서둘러 방법을 변경해서는 안 된다. 서둘러 도입하면 오랫동안 완전한 이점을 실현할 수 없다. 그러나 우리는 이제 충분한 경험을 통해 이렇게 말할 수 있다. 자급자족적 유기농장은 돈에 연연하지 않고 취미로 농사를 짓는 "신사 농부"에게만 가능한 이론적 몽상이 아니라, 소규모 농장을 운영하는 모든 농부에게 제시할 수 있는 경제적 제안이라고.

따라서 우리는 돈을 들이지 않고도 원할 때마다 우리 땅의 많은 부분을 활성화할 수 있다. 말할 필요도 없이 그것은 농부들이 원하기 때문에 필요한 일이다. 농부들은 언론 광고나 기사를 읽음으로써 그 방법을 배우지는 않을 것이다. 그러나 몇몇 사람이 좋은 출발을 하면 곧 알려질 것이다. 농부들은 이론적인 이야기를 미심쩍어한다. 그들에게 실제로 무엇을 할 수 있는지 볼 수 있는 기회가 주어지는 것이 시급하다.

외부 구매로부터 상대적으로 독립된 소규모 독립형 농장에 대한 이러한 옹호는 현대 산업도시에 반영된 전문화와 집중화가 점점 더 증가하는 무역 및 상업 세계의 현대적 경향에 매우 반대되는 것처럼 보인다. 그러한 경향은 제조업과 무역에 장점이 되든 단점이 되든 간에 농업에도 영향을 미치기 때문에, 인류의 본질적인 생물학적 욕구의 충족과 완전히 상반된다고 여기서 단호히 말하겠다. 그 욕구는 곧 토양의 욕구와, 그리고 토양 속에 살고 있는 모든 생물의 욕구와 완전히 동일하다.

유통의 문제

그러나 이런 것들을 우선시한다면 정말 가치 있는 것들을 희생해야 할까? 어쩌면 약간의 여가를 포기해야 할지 모른다. 하지만 오늘날 어쨌든 우리는 여가가 있다 해도 무엇을 해야 할지 모른다. 올바른 방향을 향하는 성장이 강제적이지 않고 자발적이라면, 이는 당사자들의 욕구에서 비롯된 경우에만 가능하지만, 어긋남이 아니라 적응이 필요할 뿐이다. 그러나 우리는 지금 어긋남을 겪고 있다. 전환은 오히려 건전한 토대 위에서 재배치의 형식을 취해야 한다. 예를 들어 우리가 알고 있듯이 분배의 전체 문제는 단어의 완전한 파생적 의미에서 어긋남의 결과일 뿐이다. 상품의 분배를 매우 복잡하게 만드는 것은 생산과 인구의 잘못된 분배이며, 그 결과, 특히 부패하기 쉬운 상품의 경우 국가 전체는 유통업체의 자비에 맡겨진다. 그러나 사람들의 욕망이 변화되고 있는 지금 많은 것이 가능하다. 예를 들어 더 신선한 채소에 대한 실제 수요는 곧 농부를 이웃으로 데려올 것이다. 사람들이 노골적이거나 은폐된 가공식품의 광고에 계속 속아넘어가는 한, 그들과 농부들은 진정한 영양 요구에 반대되는 관심을 가진 거대 유통업자들의 자비에 맡겨질 것이다. 전문화와 도시화의 세계에서 어찌 그러지 않을 수 있겠는가? 농산물의 효과적인 유통은 살균을 필요로 하는데 그것은 죽임을 의미한다. 살균에 실패하면 대량 감염이 초래될 수 있으므로 우유를 저온살균 해야 한다고 아우성이다. 그러나 살균은 감염에 대한 저항력과 소화력을 감소시키고, 따라서 더 많은 살균이 필요해진다. 악순환의 익숙한 유형이다.

생산, 제조, 유통 관계의 부조리를 얘기하자면 지난 몇 년 동안 엄청나게 팔린 **크림 제조기**보다 더 터무니없는 예를 들 수 있을까? 물론 그것은 그 공정이 이득이 되기 때문에 팔린다. 그러나 여기서 "이득이 된다"는 말의 의미는 얼마나 허구적인가! 젖소는 먼 곳에서 먹이를 먹고 젖을 제공한다. 우유는 크림으로, 크림은 버터로 만들어져 많은 비용을 들여 세심히 살균되고 포장되어 1만 2,000마일 이상 운반된다. 그런 다음 약간의 우유와 혼합되어 기계를 통과하고 기껏해야 그저 그런 모조품 크림으로 만들어진다. 반면에 이 나라의 멋진 낙농지는 버려져 있고, 뉴질랜드 농부는 대출이자를 갚을 수 없으며, 영국 주부는 진짜를 대신하는 대체품으로 만족해야 한다. 그렇다면 대체 누구에게 "이득이 된다"는 것인가? 아마도 운송업자에게? 그것이 사실이라면 이는 건전한 분배 시스템이 그들에게 개별적으로, 집단적으로 가져다 줄 이익을 어마어마하게 희생해서만 가능할 것이다. 크림 제 조기는 소수의 금융업자들에게만 "이득이 된다". 그러나 그 들에게마저도 결국에는 이득이 없다. 그토록 백해무익한 일 은 그 자체 안에 파멸의 씨앗을 품고 있어 지속될 수 없기 때 문이다.

땅으로의 회귀?

건전한 유기적 기초 위에 사회를 재건하는 것 외에는 분배 문제에 대한 진정한 해결책은 있을 수 없으며, 거기에는 대 부분의 국가와 세계 전체에서 더 나은 인구 분산이 포함되 어야 한다. 분배 문제를 분리하려는 시도는 그것이 국가의 계획이든 사적 이익을 추구하는 준독점적 권력의 계획이든 똑같이 **계획경제**의 올무에 빠지는 일이다. 모든 공동체 내 에서 건전한 유기적 삶을 위한 토대는 사람들과 땅의 긴밀한 관계뿐이다.

그러한 관계가 실현될 수 있는 가장 간단하고 직접적인 방 법은 가능한 한 많은 사람이 적어도 얼마 동안 땅을 일구며 사는 것이다. 직업으로서의 농업은 지금까지 그것에 대해 말한 모든 것이 순수한 공상이 아닌 한 영국 국민의 상당 부분을 위한 정상적인 생활 방식의 일부가 되어야 한다. 그 비율이 어떠해야 하는지는 현재로서는 추측의 문제이며 경험으로 해결하는 수밖에 없다. 땅에 자리 잡는 행운을 얻은 사람들은 적어도 다른 일을 하는 사람들만큼 쉽게 생계를 유지할 수 있어야 하며, 최대한의 개인적, 경제적, 정치적, 사회적 자유 속에서 살아갈 수 있어야 한다. 그러한 조건들은 불가능한 것이 아니며, 자유롭고 자연적인 경제의 진화를 가로막는 주요 장애물들이 제거된다면, 그리고 사람들이 자신들의 진정한 이익이 어디에 있는지를 더 선명하게 깨닫지 않을 수 없는 상황이 된다면, 아마도 저절로 갖추어질 것이다. 상황의 강제에 의해서가 아닌 다른 방식으로 사람들이 실제로 무엇인가를 배울 수 있는지는 대단히 의심스럽다. 상황은 사람들에게 진리를 매우 강력하게 각인시킬 수 있는 방식으로 변화하고 있는 듯하다.

"땅으로의 회귀"라는 거대한 움직임이 일어나야 한다고 제안하는 것은 그것이 현재의 경제 상황에서 일어날 수 있다고 말하는 것과는 다르다. 땅을 돌보는 삶이 갖는 유익한 효과에 대해 말해진 많은 것은 오늘날 농민, 농부 또는 농장

일꾼들에 대한 조사에서 수집된 증거에 의해 반증되는 것처럼 보일 수 있다. 그 사람들의 삶의 질은 땅에서의 삶이 최고의 삶이고 정신적으로나 육체적으로 최고의 것을 만들어낸다고 생각할 수 있는 만큼이 못 된다고 주장할지도 모른다.

그 주장에 대해서는 크게 두 가지로 답할 수 있다. 첫째는 그 주장을 받아들이거나 거부하기 이전에, 사람을 판단하는 기준을 면밀히 정의하고 검토하여 눈에 덜 띄는 장점이 더 화려한 장점과 비교하여 과소평가되지 않도록 해야 한다는 것이다. 두번째의 더 직접적인 대답은, 현재 그 땅에 있는 사람들은 오랜 세월 동안 인간에게 열려 있는 모든 삶의 방식 중에서 가장 적게 배려되고, 가장 덜 선호되고, 가장 잘못 이해되어온 삶의 방식을 지키며 남아 있는 이들이라는 것이다. 땅에서 태어난 기업가, 능력가, 야심가들은 되도록 빨리 기회를 잡아 땅을 벗어나야 한다는 온갖 유혹을 받아왔다. 정말로 놀라운 것은, 좋은 자질을 지닌 사람들(이 말의 통상적인 의미에서가 아니라)이 땅에 남아 있어야 한다는 것이다. 따라서 이 책의 주장은 근본적인 사실에 의해 반박되는 것이 아니라 오히려 뒷받침된다. 시간이 지남에 따라 엄밀히 경제적인 의미에서의, 땅을 일구는 삶의 매력이 적어도 평균적으로 산업 또는 도시 생활의 매력과 동등해지면, 인구를 먹여 살리는 공급원이 지금처럼 사회에서 가장 최하의 영향력을 갖는 일은 더 이상 없을 것이다.

그러므로 요약하자면, 땅을 일구는 사람이 많은 국가는 많은 일반적 이점을 갖는다. 땅을 일구는 이들(그처럼 운 좋은 그들은 누구인가)은 건강한 신체 활동을 도입한다. 완전히 신선한 음식을 먹지 못하거나 깨끗한 공기를 마시지 못하거나 근육 활동을 하지 않고 지나가는 날은 없을 것이다. 이러한 삶은 좋은 경제 조건과 기계의 합리적인 도움 아래서, 오늘날 흔히 그런 것처럼 지칠 정도로 고되지는 않을 것이다. 삶의 이상은 육체적인 것에만 달려 있지 않으며, 인간에게 지혜를 길러줄 수 있는 무한한 자료를 제공한다. 거기서 파생되는 관심과 흥분에는 끝이 없다. 가장 단순한 일을 제외하고는 모든 것이 기술, 책임, 결정의 행사를 요구한다. 예술에 이르는 지점까지 장인정신을 발휘할 수 있는 기회가 주어진다. 똑같은 날은 거의 없을 것이고, 똑같은 계절은 결코 없을 것이다. 분별력 있는 이에게 따분함이라고는 없을 것이다.

현실을 맞닥뜨리며 자신을 자연의 일부로 느끼는 삶의 영적 가치는 다른 모든 최고의 가치들과 마찬가지로 통계적으로 측정할 수 없지만 결코 비현실적이지 않다. 생물과의 긴밀한 접촉은 지혜를 가져다주지만 그러한 것에 익숙하지 않은 사람들은 그것을 인정하지 않으며 그들에게 그러한 지혜는 느린 것으로 보인다. 이 지혜는 점진적인 흡수를 통해 생겨나며, 인간을 포함한 생물의 행동 원칙에 대한 의식적인 자각이나 언어화가 동반되지 않는다.

도시와 농촌

땅을 일구지 않는 사람들은 언제나 많을 것이다. 그들 또한 집에서 기른 신선한 양질의 식품을 오늘날보다 훨씬 더 많이 소비할 수 있어야 한다. 농촌에는 큰 공산품 시장이 있어야 한다. 그들 중 상당수는 삶의 일부를 땅에서 보낼 수도 있을 것이다. 이는 참으로 모두에게 가장 유익한 방편이 될 수 있다. 합리적인 경제하에서는 오늘날과 같은 거대한 인구집중의 충동은 멈출 것이고, 산업은 더 좋은 방식으로 분배되고 현재와 같이 물리적으로 농업과 분리되지 않을 것이다. 그렇지 않다 하더라도 도시민의 이익은 친인척과 상업적 관계들로 인해 더욱 땅을 향하게 될 것이다. 교육에 대한 전망은 이에 대응하는 변화를 겪게 될 것이다. 도시와 농촌의 주민들이 동등한 혜택을 받을 수 있는 진정한 이익공동체가 만들어질 것이다. 직매의 부활을 상상하는 것도 비합리적이지 않을 것이다. 근교의 농장에서 생산하고 도시에서 직매하며, 도시민은 자신들이 먹기 위한 식량을 구매하러 농촌으로 외출할 것이다. 이러한 변화는 무한히 발전할 수 있으며, 올바른 방향으로 가는 것이라면 어떤 움직임이라도 격려되어야 한다.

영국 본토에서는 아마도 오랫동안 도시 인구가 농촌 인구를 초과할 것이다. 현재 이미 도시민들은 농촌의 고역이 아니라 농촌이 줄 수 있는 쾌락의 몫을 나누어 받을 권리를 차츰 더 많이 주장하고 있다. 오늘날 도농 간의 경합은 명백히 존재하지만 이는 강조되어서는 안 된다. 양질의 식품, 더 나은 시장, 더 좋은 상품을 통해 도시민이 갖는 것이 기껏해야 간접적일 뿐이고 농촌 사람들이 더 많이 가져간다면, 모든 것이 농부를 위해 운영되어야 하는 것처럼 보인다면 미래의 그림은 매우 불완전할 수밖에 없다.

그렇게까지 해야 할 이유는 없다. 대부분의 지역에는 고급 농사법에 다소 적합하지 못한 상당히 큰 면적이 있는데, 이런 곳은 공원과 놀이터로 지정하거나 인근의 본격 농업지구를 위한 방목 초지 또는 산림으로 활용할 수 있다. 이러한 땅에는 대중이 자유롭게 접근할 수 있어야 한다. 농촌의 어떤 지역에서는 모든 땅을 경작지로 고도로 개발하는 것보다는 이러한 목적을 위한 땅을 보유하는 것이 좋을 것이다. 그 밖의 모든 땅을 완전히 개발한다는 전제하에 말이다. 이렇게 함으로써 활력에 필수적인 다각화의 이상을 실현하도록 이바지할 수 있다.

그러나 도시민을 위한 특별 조항을 제외하고, 교육받은 눈으로 볼 때, 미소가 깃든 부유한 농촌의 모습보다 더 즐거운 것이 무엇이겠는가? 그것은 완벽하게 설계되고 관리되는 공원보다, 자연스러운 낭만적인 경관보다 더 만족스럽다. 그 미적 매력은 우리의 깊은 본능에 뿌리를 두고 있다. 오늘날 농촌에 대한 도시인의 시각은 왜곡되어 있다. 그것은 그의 눈을 즐겁게 할 풍요로운 삶과 번영의 그림을 보여주지 못하는 시각이며, 자신의 삶에 대한 이해가 결여되어 있고, 쓰레기가 생명과 활용으로 전환되는 과정의 아름다움을 이해하지 못하는 시각이다. 그의 감정은 개탄스럽게도 농촌 사람의 이익에 반대되는 이익을 자신의 이익으로 삼는다. 그가 기본적인 것, 농촌에서는 전혀 성가신 예의로 여겨지지 않는 것—

문 닫기, 울타리 부수지 않기와 같은 것들—을 존중할 줄 모르는 것은 그 때문이다. 이는 도시인과 농촌인 사이에 존재하는 공감의 부족을 선명하게 보여준다. 이익공동체에 기반을 둔 상호 공감과 이해력이 길러지면 농부들이 더 이상 등산객과 "침입자"를 의심하고 싫어할 이유는 없어질 것이다.

인구분산

산업 인구의 대부분이 여전히 지금처럼 대도시에 집중되더라도 결국에는 진정한 공감과 이해가 확립될 수 있을 것이다. 그들이 더 나은 분배의 혜택을 누린다면 그들과 모두에게 얼마나 좋은 일이겠는가? 적어도 훨씬 더 큰 비율의 인구는 농촌 마을이나 소도시에 거주해야 하며, 주변 지역을 위한 시민적, 사회적, 경제적 중심으로서 행동해야 한다. 사회적으로 보았을 때 오늘날에도 마을은 대부분의 사람이 서로 알고 지내는 생활 단위이다. 반면에 대도시는 사막이며, 개인과 계급은 거기서 그 자신의 사회적 삶을 누리지 못하고 고립된다. 사실 인구 분산이 일어나지 않는 한 농업, 산업, 문화 및 사회생활의 완전한 조화는 결코 실현될 수 없다. 나라를 사랑하는 마음에서 이것이 전면적 도시화를 의미하지 않을까 염려하는 사람은 다른 방향으로 봐야 한다. 가장 높은 수준의 문화 발전 가능성을 포함하여 진정한 농촌화를 고민해봐야 한다는 것이다. "100개의 뉴타운" 계획의 창시자인 트리스탄 에드워즈^{Tristan Edwards}보다 이 점을 더 명확하게 본 사람은 거의 없다. 이 계획은 완벽하게 작동하며 비전과 실용성의 놀라운 조합을 보여준다.

이 모든 것은 **계획**이나 **조직화**라는 불가능한 임무를 맡은 인위적 권위의 위임이 아니라 유기적인 상향 성장에 기반한 분산된 시민의 책임을 함축한다. 인간의 정신은 살아 있는 개체들의 상호관계를 다루거나 이해할 때, 관련된 개체들의 수가 커지면 그 관계를 전체로서 파악할 수 없다. 이는 비생명 개체에도 반드시 적용되는 것은 아니지만, 약 200개의 연결 단위로 구성된 자동 전화교환기를 보면 인간의 능력으로 일관되게 연결될 수 있는 가장 큰 수는 그 정도일 것이다. 이때 최종 단위는 단일 현상으로 취급되며, 함께 묶여 상위의 복잡한 단위를 형성할 수 있지만 인간은 전체로서의 작동을 파악하지는 못한다.

그러므로 우리에게 어떤 종류의 인간 통치가 필요하다면 (그리고 한동안은 그런 종류의 것을 생략할 수 없을 것이다) 그것은 건전한 기본 단위에 기초해서만 가능하다. 그것은 그 자체로 일관성 있는 독립적인 단위이며, 더 큰 단위를 구축할 수 있는 단위이다. 이 단위가 독립적이고 일관되기 위해서는 생물학적으로 그러해야 하며, 이는 모든 가능한 사회적, 정치적, 경제적 측면을 포함한다. 우리는 농장이 건강하려면 너무 크지 않아야 하며 가능한 한 생물학적으로 자급자족할 수 있도록 다각화되어야 한다는 것을 살펴보았다. 우리 사회는 바로 그러한 기초 위에 세워져야 하며, 같은 이유로 그와 같은 형태를 취해야 한다. 오직 그때에만 생명의 세계는 참된 잉여를, 서류나 상상 속에서만 존재하는 것이 아닌 실질적인 부의 증가를 산출할 수 있다. 그것은 일차적으로 질적인 풍요이며, 영적인 가치와 함께 부수적으로 물질적 가치들을 포함하는 것이다. 현대적 의미에서의 산업 조직이나 정치 조직을 위해 쓰여지고 있는 세계의 모든 독창성과 선의는 이 일차적 필요가 실현되지 않는다면 헛된 것이 될 것이다.

조직은 어쨌든 혐오스러운 단어이다. 그것은 모든 잘못된 것을 의미한다. 우리는 토양을 조직하려고 노력하면서 토양의 가장 중요한 재산, 즉 자연적 구조를 파괴했음을 인식했다. 노력을 통해, 또는 우연히 사회적 권력을 획득한 사람들은 인간 사회에 대해 똑같은 일을 하고 있다. 그러나 실패는 불가피한 것으로 보인다.

정부의 역할

이에, 인간 사회의 구조가 더 굳건한 기초 위에 재건되기 위해 정부가 해야 할 역할을 고려해야 한다. 간단히 말해서 정부의 주요 기능은 왕실에 부여되어야 하는 두 가지 권한, 즉 토지 점유권과 화폐 발행권이 공익을 위해 복무하도록 하는 행정이어야 한다. 이 원칙이 무시되었기 때문에 정부는 차츰 여타 모든 행정을 인수하도록 강요되었다. 이러한 상황에서 경제의 사적 점유는 참을 수 없을 정도로 심각해지고, 더 합리적인 형태의 정부를 가능하게 하는 건전한 사회생물학적 구조가 없으므로 정부의 정치적 독재는 유일한 대안이 되어, 국가사회주의는 다양한 형태를 띠고 공동체에 강요된다. 정부의 권위는 아래로부터 다시 세워져야 하며, 그리하여 정상에 도달할 때쯤이면 관리 가능한 과업이 제시되어야 한다. 현재 정부가 갖는 수행 불가능한 임무는 보통 대다수의 개인 유권자가 내리는 명령 또는 지시에 따라 수행된다고 간주되며, 그럼으로써 정부의 현재 위치에 대한 환상은 완성된다. 유권자들은 자신들이 무엇에 대해 투표하는지 이해하기 위해 교육받는다고 간주된다. 그러나 투표의 대상이 되는 문제는 대외 정책의 하나일 것이고 그것을 이해하려면 전 세계가 처해 있는 상황 전체를 파악하는 능력이 필요하다. 제대로 된 구조가 없는 현재의 사회 상태에서는 살아 있는 어느 누구도 그러한 이해에 도달은 고사하고 접근할 수조차 없다. 반면에 균형 잡힌 구조를 가진 사회는 그 자체로 이해가 가능하다는 특성을 갖고 있다. 그런 사회의 특성들은 개인이 갖는 특성들과 비교될 수는 없지만, 연구의 대상이 되기에 충분한 내재적 성질을 지닐 것이다. 복잡한 유기체의 행동이 그 구성 세포들이 갖는 특성들의 총합으로 추론될 수 없는 것과 마찬가지이다. 그럼에도 유기체는 전체적으로 연구될 수 있으며, 그러한 연구의 결과 특정 상황에서 어떤 행동이 나올지 예측할 수 있다.

정부는 사회 속에서 유기적 온전성이 성장하도록 촉진하기 위해 할 수 있는 일이 거의 없다. 유기적 온전성이 없으면 정부가 토지와 통화를 위한 행정을 수행한다 해도 거의 도움이 되지 않을 수 있으며 심지어 해를 끼칠 수도 있다. 행정은 단지 인간을 비인간적인, 그리고 가끔은 이해심 있는 집주인이나 은행가로 대체하는 것을 의미할 뿐이다. 사실 사람들이 정부에 대해 아무것도 기대하지 않고, 그 대신 자신과 이웃을 완전히 독립적으로 만들 수 있는 방법을 모색하기 전에 과연 진정한 개선이 얼마나 이루어질 수 있을지는 미지수이다. 불행히도 수많은 경로로 행사되는 정부 책임의 증가와 세금의 현저한 증가로 인해 개인들이 사회적 독립을 달성할 수 있는 한계는 끊임없이 좁아지고 있다. 그러나 우리는 어느 정도의 생물학적 독립을 위해 땅의 어느 곳에서든 시작하여 일할 수 있다. 기회는 있다.

농부의 책임

변화가 어떻게 일어날지는 예측할 수 없지만, 변화는 반드시 와야 한다. 원한다면 우리는 주로 토지와 통화에 관련된 행정에서 미래의 의회가 어떠할지 즐겁게 상상할 수 있을 것이다. 그 일차적 목표는 다각화에 대한 열정을 가지고 모든 형태의 조직 및 조직에 관련된 법률의 제정을 깊이 혐오하고 불신하면서 국가의 건전한 생물학적 발전을 장려하는 일일 것이다. 그러나 이러한 방식은 아래서부터가 아니라 위에서부터 시작하는 것이기 때문에 우리를 멀리까지 이끌어주지는 못할 것이다. 우리는 영국인의 적응력이 발휘되어 서두르지 않고 눈에 띄지 않게 필요한 모든 변화를 일으키기를 바랄 뿐이다. 우리는 땅을 올바르게 돌보는 일을 통해 더 높은 것들로 가는 길을 찾아내야 한다. 땅이 출발점이 되어야 하므로, 작은 땅이라도 일구는 일에 영향을 미칠 수 있는 위치에 있는 사람들은 가장 큰 책임을 져야 할 것이다. 그들의 노력으로부터 지금까지 알려진 것들과는 완전히 다른 새로운 것이 나올 것이다. 바로 생명의 세계 속에서 나타날 새로운 온전성, 또는 새로운 조화이다. 지금은 자기파괴적인 모습으로 완전히 무너진 것들이다. 인간에 대한 인간의 투쟁은 세계를 둘러싼 부조화의 부수적인 부분일 뿐이며, 그 영향은 인간 삶의 모든 부문에서 추적될 수 있지만 그 본성은 아마도 여전히 모호할 것이다.

우리는 여전히 습관적으로 삶을 조각내어 바라본다. 우리는 모든 부문을 분석하고 전문화하며 결과의 복잡성에 완전히 당황한다. 우리는 각각의 단편을 개별적으로 다루려 하며, 그렇게 함으로써 언제나 다른 어딘가에서 합병증을 일으킨다. 우리가 잘라낸 히드라의 머리마다 두 개의 머리가 자라난다. 식단을 조금씩 고치는 것조차도 우리에게는 불가능하다. 그러나 온전체 식사의 개념은 간단하다. "온전체"는 건강하고 완전한 것을 뜻한다는 점을 기억해야 한다. 삶을 전체로서 볼 수 있다면, 우리가 의존하는 생물이 온전체 식사를 하지 않으면 우리도 온전체 식사를 할 수 없다는 점을 이해할 것이다. 그 생물들 가운데 가장 중요한 것은 (아마도) 흙 속에 사는 미생물들이다. 미생물들의 활력은 우리의 활력에 달려 있고, 우리의 활력은 그들의 활력에 달려 있다. 우리는 농사를 짓거나, 그렇지 않으면 죽어야 한다. 농사를 지을 때 우리는 생명의 전체 주기에 걸쳐 책임을 진다. 우리는 그것을 깨뜨릴 수도 있고 온전히 유지할 수도 있다. 우리는 그것을 깨뜨렸지만 아직 고칠 수 있는 시간이 있다. 그 시간은 지극히 짧을 것이다.

애덤의 저주

생물은 본질적으로 기계가 아니다. 생물이 하나의 관점에서 기계라는 사실은 우리를 기만했지만, 생물은 그 이상이다. "그 이상"은 기계적, 통계적 처리에 반응하지 않으며, **사랑** 외의 다른 말로 부를 수 없는 것에만 반응한다. 사랑은 여러 가지 방법으로 표현될 수 있지만, 그것이 진실하다면 그것은 주는 것을—선물이 아니라 자기 자신을 주는 것을— 의미한다. 우리는 우리가 도울 수 있는 것보다 더 많이 주지 않고 얻으려고 했다. "주면 받으리라"는 말은 감상적인 이상주의가 아니라 단순하고 실용적인 규칙이다. 우리가 땅에 줄 수 있고 또 주어야 하는 것은 일이며, 일은 사랑으로 주어진다면 고역이 아닐 것이다. 그러나 그것은 분명 여전히 일일 것이다. **애덤의 저주**라고 하는 것이 우리에게 임했다. "이마에 땀을 흘려야 빵을 먹으리라"고 했다. 그것을 피하려 하면 죽는다는 것이 분명하지 않은가? 그런데도 왜 그것을 저주라고 부르는가? 왜 그것을 자연적 삶의 관점에서 우리에게 새로운 삶을 가져다주는 단서로 환영하지 않는가? 그런 종류의 새로운 삶은 인간이라는 이름에 합당한 모든 인간이 그토록 열렬히 갈망하는 영적인 삶의 갱생에 필요한 부분일 것이다.

자연의 정복

우리 앞에 놓인 위대한 과업에 성공하려면 소위 말하는 **자연 정복**을 자랑하는 태도와는 다른, 삶의 기본적인 것들에 대해 겸손한 태도를 가져야 한다. 우리는 자연을 정복했다는 생각 속에서 자랑스러워하며 우리 자신을 정점에 세웠다. 그러나 우리는 자연에서 분리될 수 없다. 자연을 정복한다는 생각은 마치 자신의 우월한 능력을 고립시키기 위해 자신의 머리를 자르려고 노력하는 것만큼이나 비상식적이다. 인간의 머리와 발 사이에는 다툼이 있을 수 있지만 우리 자신과 자연 사이에는 다툼이 있을 수 없다. 그러한 싸움을 만들어낸다면 머리와 발을 포함하여 인간이 고통받을 뿐이다. 우리는 우리 자신과 자연 사이의 싸움을 만들어내거나 상상했고, 그럼으로써 우리 자신과 흙을 포함한 자연 전체가 고통을 겪고 있다. 우리는 심지어 자연을 원시적이고 끔찍하고 더러운 것으로 간주하게 되었다. 그러나 만일 자연이 그러하다면 자연을 그렇게 만든 것은 우리이다.

자연은 자연을 이해하지 못하는 사람들에게만, 그들의 오해가 자연의 균형을 전복시켰을 때에만 끔찍하거나 더럽다. 자연은 무엇보다도 사랑의 힘으로 가득 차 있다. 자연은 사랑이 아닌 다른 방법으로 정복될 수 없지만, 우리의 방식은 사랑이 아니었다. 우리는 좋지 못한 방법을 시도했고 **자연의 균형**을 전복시켰다. 그 결과 자연은 우리에게 더 이상 유쾌한 모습으로 나타나지 않으며, 힘은 균형을 이루기보다는 대립으로—"존재를 위한 투쟁"으로—나타난다. 그래서 우리는 존재를 위한 투쟁을 유일한 가능성으로 믿게 되었고, 그러한 투쟁은 필연적으로 고통스럽다고 추론한다. 현재의 고통은 우리만의 것이 아니다. 그러나 언제나 고통이 우세한 것은 아니었으며 그래야 할 필요도 없다. 우리는 이끄는 자이며 책임이 있다. 우리는 힘과 지성으로 자연을 정복하려고 노력했다. 이제 우리에게 남은 것은 사랑의 방법을 시도하는 것이다.

유기농업의 선구자들과 「땅을 생각하다」

홍서연

유기농업의 정의

유기농업^{organic farming, organic agriculture}은 합성 화학물질을 사용하지 않고 유기물과 미생물을 사용하는 농업이다. 수천 년을 거슬러 올라가는 전통적 농업과는 구분되며, 화학화된 근대 농업에 대한 비판으로부터 시작하여 1920년경부터 농부, 농학자, 생물학자, 생화학자, 영양학자, 소비자 집단 등에 의해 거의 60여 년에 걸쳐 구축된 농업 방식을 가리킨다. 유기농업이 배제하는 합성 화학물질에는 농약, 화학비료, 제초제, 생장 조정제 등이 포함된다. 유기농부는 유기비료로 토양 생물 활동을 돕고, 체계적인 방법으로 생물다양성과 생물순환을 증진하여 생태계를 보전하는 지속가능한 농업을 지향한다. 건강에 좋은 농산물은 이러한 방법으로만 생산될 수 있다는 것이 유기농업의 전제이다.

화학비료 사용에 대한 비판

화학적 투입물을 사용하는 농업 방식은 산업혁명과 함께 1840년대에 유럽에서 처음 등장한 이래 빠르게 퍼져나가서, 20세기 초 유럽에서는 대량의 화학비료와 살충제 투입으로 농업생산성이 크게 증대되었다. 당시에는 납과 비소가 함유된 농약도 아무런 제재 없이 사용되었다. 이미 19세기에 농부와 학자들은 이러한 경향에 대해 의문을 제기했고, 20세기 초에는 토양의 황폐화를 확인한 농부들로부터 점차 위기감이 확산되었다.

영국의 농부 로버트 엘리엇Robert Henry Elliot은 『농업의 변화Agricultural Changes』(1898)에서 제조업체들이 화학비료 사용을 권장하는 사실을 개탄하고, 부엽토, 질소, 인, 탄산칼륨 공급을 대안적인 방법으로 제시했다. 1890년대에 독일에서 근대화와 산업화에 대한 비판으로 시작된 생활개혁운동Lebensreformbewegung에서는 식품의 품질 저하에 관한 논의가 과도한 화학비료의 사용에 대한 문제 제기로 이어졌다.

유기농업에 앞선 연구들

이러한 배경하에 생물학적 농업을 연구하는 다양한 움직임이 일어나기 시작했다. 그 토대가 된 선행 연구는 네 가지 범주로 나눌 수 있다.

• **생물학의 새로운 발견** 19세기에 큰 발전을 이룩한 생물학 분야에서 토양 미생물의 작용, 질소고정 작용, 균근菌根의 형성,

타감작용, 잡초의 생태학적 특성, 식물과 해충의 관계 등 새로운 사실들이 밝혀졌다.

• **유럽과 아시아의 전통 농법** 윤작, 녹비, 혼합 재배, 퇴비 제조 등 유럽과 아시아의 농부들이 오랜 세월에 걸쳐 실천해온 지속 가능한 농경 체계가 알려졌다. 미국 농림부 토양관리국장을 지낸 프랭클린 킹이 1909년 중국, 한국, 일본의 전통 농법을 직접 돌아보고 쓴『4,000년의 농부들』(1911)은 로드 노스본을 비롯한 대안 농업 실천가들에게 깊은 인상을 남겼다. 유기 농업의 아버지라 불리는 앨버트 하워드 경에게 직접적인 영향을 준 것도 인도 소농의 전통 농법이었다.

• **인간의 영양에 대한 연구** 앞서 언급한 독일의 생활개혁운동을 배경으로 영양개혁, 채식주의, 토지개혁, 자유화폐 등에 관해 저술한 구스타프 시몬스^{Gustav Simons}(1861~1914)는『토양 시비, 식물 성장, 인간의 건강^{Bodendüngung: Pflanzenwachstum Menschengesundheit}』(1911)에서, 인체 영양의 질적 수준은 토양의 비옥성과 작물의 품질에 달려 있다는 의견을 피력했다. 북아일랜드 의사이자 영양학자인 로버트 매캐리슨 경은 최초의 결핍 식이 실험을 통해 영양이 질병 역학에 미치는 영향을 연구했다. 그의 책『결핍 질환 연구^{Studies in Deficiency Disease}』(1921)

는 비타민이 영양에 미치는 역할이 밝혀진 시기에 출간되어 큰 주목을 받았다. 매캐리슨 경은 인도로 건너가 30년 동안 영양 문제를 연구했는데, 인도 지역민들의 영양에 대한 그의 연구는 영국의 농학자이자 영양학자인 가이 렌치$^{Guy\ Theodore\ Wrench}$(1877~1954)의 책 『건강의 순환』(1938)을 통해 로드 노스본에게 알려졌고, 『땅을 생각하다』에 언급되었다.

• **토양 비옥성에 대한 관심** 앞서 언급된 구스타프 시몬스의 책은 토양 비옥성에 대한 관심이 널리 퍼져 있었음을 보여준다. 영국의 의사 비비언 푸어$^{G.\ Vivian\ Poore}$는 『전원 지역 위생에 관한 에세이$^{Essays\ on\ Rural\ Hygiene}$』(1893)에서 토양 생물의 생물학적 활성이 토양 비옥화 과정의 동력이 된다고 강조했다.

이러한 토대 위에서, 동물 분뇨로 만든 퇴비, 피복작물, 작물 순환 등을 이용하는 생물학적 농업이 체계화되기 시작했다.

유기농업의 아버지 앨버트 하워드

영국의 식물학자인 앨버트 하워드 경은 합성 화학비료의 사용을 비판하고 유기물의 순환이야말로 안정적인 농업 생산을 가능하게 한다고 주장했다. 그는 농과대학을 졸업하고 1905년부터 40년간 인도에서 농업연구관으로 일하면서 경작과 목축을 혼합한 인도의 전통 농업을 연구하여 퇴비 제조법, 박테리아를 활용하는 질소고정, 윤작법 등의 원리를 기초로 유기농업 체계를 수립했으며, 이를 『농업성전 *Agricultural Testament*』(1940)에서 발표했다.

『농업성전』의 핵심은 작물 재배 과정에서 토양의 비옥성이 부단히 소모되므로 토양 관리에 의해 지력을 향상시키는 것이 필수적이라는 주장이다. 비옥성의 회복은 부식토에 의해 이루어지고, 부식토가 풍부한 토양은 병충해에 의한 피해를 막아주며 작물의 품질, 맛, 보존성을 향상시키므로, 농업을 성공으로 이끄는 가장 중요한 원칙은 생장과 부식 작용의 병행이라고 했으며, 농업의 두 가지 핵심 원리는 작물의 생산과 유기물의 토양 환원임을 강조했다.

26년간 인도 소농의 작물 생산성 향상을 연구하여 저술한 『농업 폐기물』(1932)은 앨버트 하워드의 가장 중요한 과학 저작으로 꼽힌다. 『땅을 생각하다』에는 이 책의 핵심 내용이 소개되어 있다.

루돌프 슈타이너의 생명역동농학

오스트리아의 사상가 루돌프 슈타이너는 1919년에 발도르프 학교를 창시하여 신지학神智學, theosophy 이론하에 치료교육학을 실천함과 동시에, 1924년에 스위스 브레슬라우Breslau 근교에서 농부들을 대상으로 강연한 8회의 강좌를 기초로 하여 생명역동농학을 창시했다. 생명역동농학은 당시에 "인류학"이라고 불렸던 철학적 관점하에, 농장은 살아 있는 유기체이며 농부는 동물, 식물, 토양 간 상호작용의 균형을 지키는 수호자가 되어야 한다고 호소했다.

생화학자인 에렌프리트 파이퍼는 슈타이너의 사상을 실천에 옮겨 대중화했고, 1928년에는 생명역동농법 제품을 관리하고 인증하기 위한 데메테르Demeter 협동조합이 설립되었다. 생명역동농학은 1946년에 만들어진 생명역동농법실험모임Experimental Circle for Biodynamic Farming Methods에 의해 이어져 점차 국제적으로 확산되어 현재의 데메테르생명역동연맹 Biodynamic Federation Demeter이 탄생했다.

로드 노스본은 에렌프리트 파이퍼의 강연과 저술을 통해 "살아 있는 유기체로서의 농장" 개념을 접했고, 생명역동농법을 자신의 농장 운영에 적용했다.

생명역동농학은 독일어권 유기농업 운동의 발단이 되었지만 형이상학적, 신비주의적 측면 때문에 과학적 진보와 결합하는 데에는 한계가 있었다. 유기농업의 체계화, 기술 개발, 제도화를 이끌어낸 흐름은 이후 뮐러 부부와 루쉬가 이끈 또 다른 운동에 의해 시작되었다.

『땅을 생각하다』와 영국의 유기농업 운동

로드 노스본은 유기농업의 태동기에서 가장 중요한 역할을 한 두 선구자인 앨버트 하워드와 루돌프 슈타이너 양쪽 모두에게서 영향을 받았다. 『땅을 생각하다』 1장에는 슈타이너의 총체론적 관점과 하워드가 강조하는 부식토의 중요성이 유기적으로 결합되어 제시된다. 그 밖에도 킹의 『4,000년의 농부들』, 로버트 매캐리슨의 영양학적 발견이 언급되며, 토양 비옥성의 중요성, 세계의 토양 황폐화 현황과 사막화 경향, 화학비료의 위험성, 농장구내비료의 중요성, 퇴비 제조법과 폐기물 활용 시스템 구축 방법, 국제 무역과 금융을 매개로 하는 소모적 농업 체계의 메커니즘, 소규모 독립 농장을 중심으로 하는 유기농법, 유기농업에 기초한 농촌 활성화 정책 등 포괄적인 전망이 펼쳐진다.

『땅을 생각하다』는 로드 노스본이 1932년에 켄트주의 딜 근방에 있는 사유지의 농장에서 슈타이너의 생명역동농법을 영농에 실천하면서 구상되어 1938년부터 1939년까지 쓰였다. 유기농업의 역사에서 이 책의 공헌은 무엇보다도, 당시에 형성되고 있었던 새로운 농업에 "유기농업"이라는 이름을 붙인 것이다. 로드 노스본은 이 책에서 "유기농업 대 화학농업"이라는 선명한 구도를 제시하며 인류의 화학화로의 전환에 대한 시대적 불안을 표현했고, 여러 세대에 거쳐 지속될 두 세계관의 충돌을 예견했다.

이 책은 특히 영국의 유기농업 운동에서 중요한 역할을 한 농부이자 교육자인 이브 밸푸어Eve Balfour(1899~1990)에게 큰 영향을 주었다. 그녀는 자신의 책『살아 있는 토양The Living Soil』(1943)에서 『땅을 생각하다』를 광범위하게 인용했다. 이브 밸푸어는 『살아 있는 토양』의 출판을 계기로 영국 유기농업 운동을 이끌어가게 되었으며, 1946년 지속 가능한 농업을 장려하는 국제 단체인 토양협회Soil Association를 공동 설립하여 초대 회장을 역임했다. 이브 밸푸어와 토양협회의 활동은 이후 영국, 프랑스, 호주, 미국 유기농업의 흐름에 영향을 끼쳤다.

로드 노스본은 유기농업의 역사에서 충분히 합당한 평가를 받지는 못했지만, 이 책은 유기농의 태동기에 미래를 선취한 유기농업 선언문이자, 후에 국제적으로 확산되고 뿌리를 내린 유기농업의 철학적, 이념적, 당위적 토대를 총체적 전망 속에서 제시하는 선구적 저작으로 평가받고 있다.

제롬 로데일과 미국 유기농업의 탄생

미국의 유기농업은 로데일$^{Jerome\ Irving\ Rodale}$(1898~1971)에 의해 널리 전파되고 발전되었다. 로데일은 1930년 미국 전역에서 가뭄과 토양 황폐화에 따른 토양 보전 문제가 사회문제로 대두된 시기에 토양 관리에 대한 혁명이 필요하다고 생각했고, 『부를 주는 흙: 퇴비를 이용한 농업과 원예$^{Pay\ Dirt:\ Farming\ and\ Gardening\ with\ Composts}$』(1945)를 비롯한 60여 권의 저술을 남겼다. 로데일은 앨버트 하워드의 이론을 계승하여 펜실베이니아주 엠마우스에 위치한 60에이커의 농장에서 스스로 유기농법 영농을 실천하였고, 이를 보급할 목적으로 1942년에 월간지 《유기원예$^{Organic\ Gardening}$》(후에 *Organic Gardening and Farming*으로 개칭)를 창간했다. 1983년, 1985년에는 유기농업 보급과 연구를 위한 법안을 상정하여 미국 내 농업생산성법

제정에 큰 역할을 했다.

뮐러 부부와 루쉬가 이끈 독일어권 내 두번째 운동의 흐름

독일의 미생물학자 한스피터 루쉬Hans-Peter Rusch(1906~1977)는 1950년 의학 저널에 「생명 원리로서의 박테리아의 주기」라는 논문을 발표했다. 생물학자이자 스위스 농민 운동의 지도자였던 한스 뮐러Hans Müller(1891~1988)는 이 논문에서 유기 농업에 대한 과학적 접근의 근거를 발견했고, 이후 루쉬와 1960년대에 수년간 협력했다. 루쉬는 모든 유기적 사고와 행동의 기초가 되는 "생명체의 순환"이라는 개념을 창안했으며, 한스 뮐러, 그의 아내 마리아Maria Müller(1894~1969)와 함께 토양의 관리와 장기적인 비옥성 보존에 대한 연구를 바탕으로 농업의 유기생물학적 이론을 전개했다.

이를 발단으로 독일에서는 1971년에 농부, 정원사, 포도주 양조업자, 양봉 농가들이 모여 유기생물학 농업을 위한 바이오랜드Bioland 협회를 결성하고, 유기농업에 대한 구속력 있는 지침을 개발하기 시작했다.

이 운동은 생물학의 진보를 농업에 통합하여 낭비와 오염을 배제하자는 새로운 생태학적 전망을 제시하며 유럽

각지에 영향을 미쳤다. 독일의 여러 대학에는 유기농업학과가 개설되었고, 스위스에서는 1973년에 유기농업연구소FiBL, Forschungsinstitut für biologischen Landbau가 설립되었으며, 프랑스의 자연과 진보Nature et Progrès 협회에도 영향을 주었다. 이 운동을 통해 개발된 지침의 주요 내용은 이후 유럽연합EU의 유기농업 규정, 국제유기농업운동연맹IFOAM, International Federation of Organic Agriculture Movements의 기본 규약, 국제식품규격Codex Alimentarius에 반영되었다.

프랑스 유기농업 운동의 전개

프랑스에서는 프랑스자연식연구협회AFRAN, Association Française de Recherche pour une Alimentation Naturelle의 일부 지지자들에 의해 1950년에 서부유기농업연합체GABO, Groupement des Agriculteurs Biologiques de l'Ouest가 창설되었고, 이 단체는 나중에 프랑스유기농업협회AFAB, Association Française pour l'Agriculture Biologique로 발전하여 전국적인 규모를 갖추게 되었다.

　퇴비화를 통한 유기비료의 개선과 위생에 대해 연구한 농업기술자 장 부셰Jean Boucher(1915~2009)와 생물학자 라울 르메르Raoul Lemaire(1884~1972)는 1963년에 르메르-부셰 농법을 개발했다. 르메르–부셰 농법은 석회질 조류의 사용을 포함한 퇴비 기반 기술이다. 르메르 부셰 회사는 그 밖에도 수확량이 많은 밀 종자와 비료를 상업화하고 농부들에게 조언하며 국가와 농화학 회사로부터 소농의 자율성을 보호하고자 했다.

프랑스에서 르메르와 부셰는 상업적 흐름을, 1964년에 농부, 가공업체, 소비자들에 의해 결성된 자연과 진보 협회는 비상업적 흐름을 대표한다.

프랑스 최초의 유기농업 규격은 1972년에 만들어졌다. 자연과 진보 협회는 같은 해 프랑스 베르사유에서 발기한 국제유기농업운동연맹IFOAM의 설립에 참여함으로써 법제화 과정을 시작했다. 곧이어 소비자에게 품질을 보장하기 위한 보증 및 관리를 위한 조직화가 진행되었고, 1978년에는 프랑스유기농업연맹FNAB, Fédération Nationale d'Agriculture Biologique과 프랑스유기농업독립컨설턴트협회ACAB, Association des Conseillers Indépendants en Agriculture Biologique가 설립되었다. 프랑스의 유기농업은 1984년에 AB(유기농업Agriculture Biologique) 로고가 만들어져 1988년에 도입된 품질 라벨로 사용되고 1986년에 여러 공식적 규격화가 진행되면서 국가적 보호를 받게 되었다. 1991년 유럽연합은 작물 재배 농장에 대한 프랑스 법률의 원칙과 정의

를 반영한 규정을 채택했고, 이후 축산 농장에 대해서도 프
랑스의 규정을 채택했다.

유기농업 현황과 『땅을 생각하다』의 현재적 의미

이후 유기농업은 임업, 화훼, 섬유, 화장품 산업과 결합하며
확장되었고, 화학비료와 화학 살충제의 배제를 넘어 유전자
변형식품[GMO], 식품 방사선조사, 복제동물, 나노물질을 배제
하는 방향으로 전개되는 등, 20세기 초반 로드 노스본의 시
대에는 예측할 수 없었던 수많은 변화를 거치며 활발히 확
산되고 있다. 현재 세계 유기농업은 시장 규모 970억 달러,
실천 면적 6,980만 헥타르(세계 경지 면적의 1.8퍼센트)에 달하
는 산업으로 성장했으며 180여 개국에서 유기농업 통계가
보고되고 있다(2019). 유기농업의 선구자들을 행동하게 한
동기는 여전히 유효하며, 로드 노스본이 제시한, 유기농업에
기초한 개혁의 전망은 현재에도 생명력을 가지고 우리에게
새로운 시야를 열어준다.

옮긴이의 말

현재 유기농업은 그 누구도 무관심할 수 없는 중요한 분야가 되었다. 건강, 식량, 생태 문제와 지속가능한 농업의 해결책을 찾고자 한다면 누구든 유기농업에 관심을 갖지 않을 수 없을 것이다. 유기농업에 접근하는 각도도 다양하다. 농업 기술, 영농, 농촌 경제, 자원 활용, 로컬푸드, 소비자 운동, 생태계 보전 등 유기농업에 대한 관심은 다양한 방면의 실천적 동기에서 나온다.

『땅을 생각하다』는 현재적 관점에서 여전히 유효한 통찰력을 주며, 이와 함께, 유기농업이 어떠한 문제의식 속에서 발전해왔는지를 알려준다.

유기농업의 역사에서 『땅을 생각하다』의 위치는 20세기 초반의 태동기에 속한다. 이 책은 앨버트 하워드의 이론적 기초와 루돌프 슈타이너의 실천적 추동력을 종합하고, 이전까지 이름을 갖지 못했던 새로운 농업을 최초로 **유기농업** organic farming이라 명명했다. 거시적 세계 경제의 관점에서 소모적 농경의 메커니즘을 설명했으며, 토양 비옥성 보전의 당위성과 함께 유기농업을 통한 농촌 개발의 전망을 제시했다.

이후 유기농업은 세계 각지로 확산됨과 동시에 체계화, 과학화, 조직화, 법제화 과정을 거쳤고, 20세기 후반부터는 유전자변형식품 등 전에 없던 위험 요소가 등장하면서 새로운 국면으로 접어들었다.

역사적인 조망을 위해 부록으로 간략한 유기농업의 역사를 실었다. 유기농업의 선구자들 사이의 영향 관계,『땅을 생각하다』의 역할, 그 이후의 전개와 흐름을 일목요연하게 제시하고자 했다.

『땅을 생각하다』의 문장과 스타일은 상당히 현대적이지만 완전히 동시대적이지는 않다. 그 간극은 2차 세계대전 이후 모든 측면에서 일어난 급속한 변화 때문일 것이다. 옮긴이는 글에 묻어 있는 시간적 간극을 굳이 소거하려고 하지는 않았다. 오히려, 이 책이 갖는 현대성에도 불구하고 독자들이 시대적 차이를 의식하고 읽어주시기를 바란다.

한편, 어떤 용어들은 사회문화적으로 구성된 이미지가 강하게 덧붙어 지식의 확장과 소통을 방해하는 경우가 있다. 예를 들어 유기 생물체를 활용한 신기술이 대중적으로 제시될 때 "생물학적"보다는 "바이오"가 선호되는 경향이 있다. "biological"과 "bio"는 같은 단어인데도 말이다. 이 책에서는 "biological"의 번역어로 "생물학(적)"과 "생체(적)"을 혼용했다.

이 책의 부록에 나타나는 유기농 관련 기관명과 단체명은 약어와 함께 원어로 전체 명칭을 표기했다. 아직까지는 번역명과 약어만으로는 자료 검색을 통해 정보를 확장하는 것이 어렵다고 판단했기 때문이다.

각주와 부록에서 주요 인물의 생몰 연대를 명시하고 주요 저작물의 제목에 원제와 초판 발간 연도를 표기한 것도 같은 이유에서이며, 독자들의 접근을 어렵게 하는 현학적인 태도에서 나온 선택이 아니라 오히려 그 반대임을 말해두고 싶다.

2023년 5월

홍서연

옮긴이 **홍서연**

이화여자대학교 철학과에서 석사학위를 취득한 후 프랑스 사회과학고등연구
원EHESS, École des hautes études en sciences sociales에서 음식 문화 연구로 박사학위를 받
았다. 국립농업과학원에서 농촌 사업화 전략을 연구했으며, 대학에서 문화인
류학과 문명사를 강의하고 있다. 『미식예찬』, 『맛』, 『의사 생리학』 등을 번역
했고, 공저로 『한산소곡주 아산연엽주』, 『농촌체험마을 사업화 전략』, 『전통
자원 활용 농촌사회적기업 운영 가이드』 등이 있다.

땅을 생각하다

1판 1쇄 찍음 2023년 11월 23일
1판 1쇄 펴냄 2023년 11월 30일

지은이   로드 노스본
옮긴이   홍서연
펴낸이   정성원·심민규
펴낸곳   도서출판 눌민

출판등록 2013. 2. 28 제2022-000035호
주소   서울시 강북구 인수봉로37길 12, A-301호 (01095)
전화   (02) 332-2486   팩스   (02) 332-2487
이메일   nulminbooks@gmail.com
인스타그램·페이스북 nulminbooks

한국어판 ⓒ 도서출판 눌민 2023

Printed in Seoul, Korea

ISBN 979-11-87750-69-7 03300